本番で全員が実力を出しきるための組織づくり

チーム力を高める36の練習法

How to improve team power

スポーツメンタルトレーナー
高畑好秀

体育とスポーツ出版社

まえがき

　現代の子供の特徴として、次のようなことが上げられます。
　・他人の目を気にする（繊細で傷つきやすい）
　・飽きっぽく我慢ができない
　・自分に自信がない（失敗するのが恥ずかしい）
　・少人数行動を好む（仲良しグループだけで一緒にいる）
　・流されやすく同調しやすい
　・長つづきしない（根気のいることはしない）
　・自分を認めてほしい（人とつながりたい）

　こうした傾向は、運動部に所属している人についてもあてはまります。例えば、
　・チームの仲間と積極的にコミュニケーションを図る
　・自分の意見をしっかり言う
　・全員で力を合わせて何かをする
　・誰に対しても心を開く
といったことが苦手なのは、彼らと接しているとよくわかります。
　一言でいえば、少し前までは練習やミーティングの中で自然にできていたことができづらくなっていて、チームづくりが難しくなってきているといえます。
　とはいえ、昔も今も変わらないことがあります。それは、彼らが自分のつづけているスポーツ（競技）が好きだということと、自分がチームにとって必要とされる存在でありたいと思っているということです。

まえがき

　できればレギュラーとして試合に出たいけれど、それが叶わないとしても何らかの方法で自分の存在意義を示したい。スーパーサブとして、ムードメーカーとして、あることを確実にこなす職人的存在として、あるいは縁の下の力もちとして仲間に認められたい。

　自分もチームの一員として、その存在をみんなに認めて欲しいという思いは、誰もがもっている人間の本能のようなものだといっても過言ではないでしょう。

　スポーツに限らず、組織の中では中心的なポジションにいる人もいれば、脇役的なポジションにいる人もいます。もちろん両者があってはじめて組織は機能するものですが、もし脇役の人が「どうせ自分は主流からは外れているんだから」「どうせ自分は何の期待もされていないし、いる意味もわからないんだから」となってしまったらどうでしょうか。

　当然個人としてのモチベーションはどんどん下がっていくでしょうし、それが回りにも波及して組織としての士気も低下していくでしょう。つ

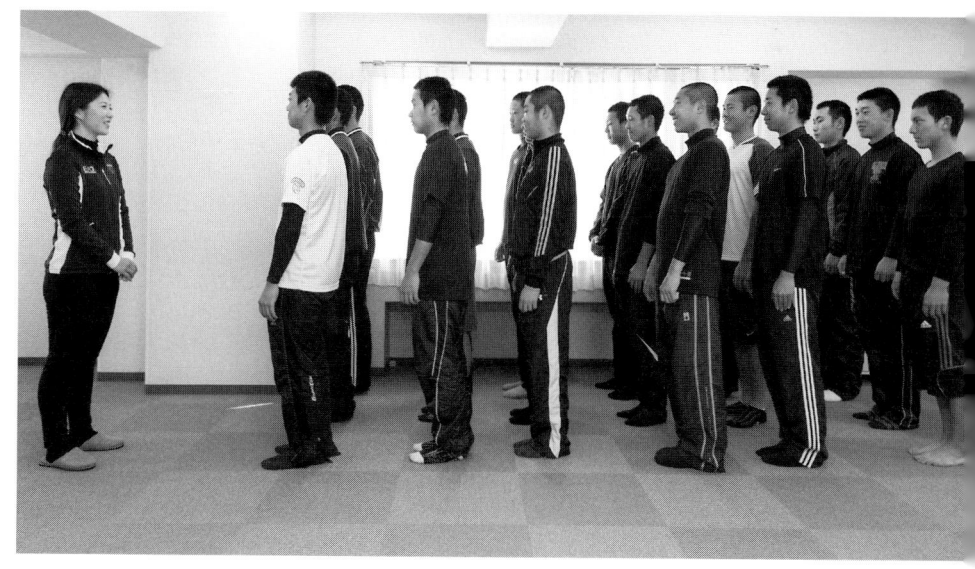

003

まり、各自のやる気や精神状態は、チーム全体のそれに確実に影響を与えるのです。
　よく「チームワークが何より大切だ。チーム一丸となって戦ってこそ部活動の意味がある」といって、チームの枠に個人個人をはめ込もうとする人がいますが、これは本末転倒のような気がします。
　もちろん、チームワークは必要ですし、最終的にはチーム力が上がってこなければ良い成績を上げることはできません。しかし、チームはいろいろな特徴をもった個人が集まって成立するものです。
　そして、その個人がそれぞれにやる気をもってコミュニケーションを図り、お互いに理解し合って信頼関係を築いてこそ機能的なチームプレーをすることができるのだと思います。

　本書では、チーム力をアップするのに必要だと思われる要素を「モチベーション」「コミュニケーション」「相互理解」「信頼関係」「状況対応力」「チームプレー」の6つと考え、それぞれを強化することができると思われるメニューを36パターン紹介しています。
　メニューはゲーム感覚で取り組めるものが中心になっていますが、これは楽しみながらお互いの理解を深め、わいわい盛り上がりながら力を合わせたり、考えたりすることを目的としているからです。
　この本を参考にして、みなさんのチームの絆が少しでも強くなったとしたら、こんなにうれしいことはありません。どうかより多くのメニューに気軽に取り組んでみてください。

チーム力を高める36の練習法
CONTENTS

まえがき 2

序章 なぜ"チーム力"が必要なのか？

"チーム力"を向上させることが勝利への近道となる 14

◎チームの問題点は"チーム力"で補う　◎さまざまな切り口で"チーム力"を鍛える　◎選手同士の切磋琢磨から"チーム力"が生まれる

■メニュー活用のポイント 22

第1章 モチベーションを高める

自分の存在を求められることがモチベーションに結びつく 24

◎お互いの長所を認め合えるチームづくり　◎モチベーションが下がっていたら……

● モチベーションを高めるメニュー

MENU 1 チームに足りないものは何？ 28
▶▶個人の考えをチームの共通認識として集約する

MENU 2 チームの木 30
▶▶木をモデルにしてチームの幹、枝、葉を決める

005

| MENU 3 | チームとしての「一日一善」 32
▶▶チームで決めた「善いこと」を全員でやりつづける

| MENU 4 | 個人としての「一日一善」 34
▶▶個人としてチームのために何ができるかを考えて実行する

| MENU 5 | マイナス発言ばつゲーム 36
▶▶一言でもマイナス発言をしたらばつゲームを与える

| MENU 6 | 盛り上げ組と盛り下げ組 38
▶▶ポジティブチームとネガティブチームに分かれて練習する

●COLUMN① 「やる気」について思うこと 40

第2章 コミュニケーション力をつける

コミュニケーションは言葉だけでするものではない ………… 44
　◎コミュニケーションで大切なこと　◎コミュニケーションはお互いの可能性を広げる

●コミュニケーション力をつけるメニュー

MENU 7 **おーい、聞こえるかぁー** ……………………………… 48
　▶▶遠く離れた相手と大きな声で会話をする

MENU 8 **君は商品！** …………………………………………… 50
　▶▶チームメイトを"商品"としてアピールする

MENU 9 **対決と調停ゲーム** …………………………………… 52
　▶▶対立する2人に妥協案を提案する

MENU 10 **ウソをついているのは誰だ** ………………………… 54
　▶▶3つの質問をしてウソをついている人を当てる

MENU 11 **お絵かき教室** ………………………………………… 56
　▶▶1つの指示に従って全員で絵を描く

MENU 12 **賛成派・反対派** ……………………………………… 58
　▶▶賛成派と反対派に分かれて激論を戦わせる

MENU 13 **声はなし！　ジェスチャーのみ** …………………… 60
　▶▶声を出さずジェスチャーのみで練習してみる

　　●COLUMN②　「自由」について思うこと ……………………… 62

007

第3章 相互理解を深める

真の相互理解から本当のチームワークが生まれる……66
◎相互理解の元になるもの　◎相互理解には覚悟がいる

●相互理解を深めるメニュー

MENU 14 あなたの良いところ……70
▶▶1分間相手の良いところを言いつづける

MENU 15 パートナー探しゲーム……72
▶▶質問に対する答から自分にぴったりの相手を探す

MENU 16 共通項は何だ！……74
▶▶共通項つながりで自分の仲間を増やす

MENU 17 誰の答か当てクイズ……76
▶▶質問に対する答の特徴からそれが誰のものであるかを当てる

MENU 18 私は誰でしょう？……78
▶▶チームメイトのものまねをしてそれが誰であるかを当てる

MENU 19 ジョハリの窓……80
▶▶ポジション別にお互いについて思っていることを言い合う

●COLUMN③　「仲間」について思うこと……82

第4章 信頼関係を築く

信頼関係とは、仲間を信じ、自分自身も信じること……… 86
◎信頼関係を築くための大前提　◎信頼関係を築く方法

●信頼関係を築くメニュー

MENU 20 キャプテン交代制 …………………………………………… 90
▶▶キャプテンを日替わりで交代してみる

MENU 21 長所と短所 ……………………………………………………… 92
▶▶1人の短所を他の人の長所で補い合う

MENU 22 違うのはどれだ! ……………………………………………… 94
▶▶たくさんの漢字の中から違うものを探す

MENU 23 ポジション別プレゼン ……………………………………… 96
▶▶ポジションごとにプレゼンテーションをする

MENU 24 サンキューパスポート ……………………………………… 98
▶▶チームメイトに対して感謝の気持ちを表現する

　　●COLUMN④　「思いやり」について思うこと………………100

第5章 状況対応力を磨く

状況対応力は一朝一夕には身につかない……104
◎状況に対応するために必要な力　◎判断力アップに必要なこと

●状況対応力を磨くメニュー

MENU 25 目かくしキャッチボール……108
▶▶どちらか一方が目かくししてキャッチボールをする

MENU 26 目かくしウォーキング……110
▶▶目かくしした人に指示をしながらゴールまで導く

MENU 27 ショートストーリー伝言ゲーム……112
▶▶前の人から聞いた話を次の人に伝えていく

MENU 28 感覚ヒントゲーム……114
▶▶ヒントから瞬間的に連想して答を出す

MENU 29 ボール積み上げゲーム……116
▶▶チームを組んでテニスボールで山を築く

MENU 30 ひも引きゲーム……118
▶▶作戦を立てて3本中2本のひもを奪い合う

MENU 31 加減乗除ゲーム……120
▶▶＋－×÷を自由に用いて答の数字をつくり上げる

●COLUMN⑤　「練習」について思うこと……122

第6章 チームプレーを意識する

チームが1つになるために必要なこと ……… 126
◎良い雰囲気をつくるためにするべきこと　◎チームプレーに必要な「ミスについての考え方」

● チームプレーを意識するメニュー

MENU 32 きれいな円を描こう ……… 130
▶▶仮想家族の中で自分の役割を演じる

MENU 33 ストーリーをつなげ！ ……… 132
▶▶数人で話をつなぎストーリーを完結させる

MENU 34 きれいな円を描こう ……… 134
▶▶数人で1つの円をなるべくきれいに描く

MENU 35 みんなでボール回し ……… 136
▶▶リズムに合わせて数人でボール回しをする

MENU 36 チームプレーのMVP ……… 138
▶▶相手チームの目線で自分のチームをチェックする

●COLUMN⑥　「チームワーク」について思うこと ……… 140

あとがき ……… 144

著者プロフィール ……… 148
撮影協力 ……… 149

011

序章

なぜ"チーム力"が必要なのか？

How to improve team power

"チーム力"を向上させることが勝利への近道となる

　チームスポーツの魅力は、「自分」だけでなく「仲間」がいることにあります。例えば、試合で自分の力が発揮できないときに、ほかの仲間がカバーしてくれれば勝つこともありますし、逆に自分が好調であっても、仲間の調子が悪くて負けてしまうこともあります。

　このように、「自分の力だけで勝敗が決まるわけではない」という点が、チームスポーツの醍醐味にほかなりません。

　また、選手個々人が噛み合うことによって、1＋1が2ではなく3にも5にもなり、チームがもっている力以上のものを発揮することがあれば、反対に1＋1がマイナスになってしまうこともあり、必ずしもプラスにならないのがチームスポーツの面白さだともいえます。

　チーム内にマイナスのエネルギーが生じた場合は、注意が必要です。選手も人間ですから、気分が乗らずにダラダラしてしまうことがあります。すると、その悪い雰囲気はチーム内にあっという間に広がってしまい、なかなか元の状態に戻すことができなくなります。

　こんなときは、調子のいい人が率先してプラスのエネルギーを発散させながら、チームを活気ある方向へと引っ張っていくことが大切です。なぜなら、お互いの短所を補いながら、それぞれの長所を伸ばしていくのが、チームの本来あるべき姿だからです。

　そもそも学校の運動部におけるチームとは、ある競技が好きで、上手になりたい、強くなりたいという気持ちをもった者同士が集まってできているものです。好きなことをやれるという環境に感謝しながら全力で楽しみ、もっともっと好きになってもらいたいと思います。

そして、自分の目の前にいるチームメイトと、お互いに競い合いながら成長していってほしいものです。

　チームとして活動することは、まさに人生そのものを体験することです。人は自分だけでは生きていけないということを、チームメイトを通して学んでいるのです。部活動をしている最中はピンとこないかもしれませんが、卒業して社会へ出た際に、その有り難みがきっとわかるはずです。

チームの問題点は"チーム力"で補う

　チームの目標は、勝利することにあります。そのためには、チーム力をアップさせる必要があります。

　チームという存在を例えるなら、時計のような精密機械といえるでしょう。時計は、個々の部品の完成度がいくら高くても、部品同士が1箇所でも噛み合わなければ、正確な時を刻むことはできません。

　これと同様に、選手それぞれに実力があっても、全員が噛み合って機能しなければ、チームが組織として力を発揮することはできません。

　ところが、能力の高い選手が集まっているのにチームとしてのまとまりがなく、成果が上がらず頭を悩ませている指導者は少なくありません。

　また、「俺はやることはやったのに、ほかが何もやらなかった」と、負けたらつねに人のせいにするチームや、中心選手が活躍できないと、「あいつがダメなら、僕にできるわけがない」と、すぐに意気消沈してしまう、他人依存型のチームもよく見かけます。

　さらに、思いやりのないプレーをするチームも気になるところです。例えば、野球のバントは、ランナーを進塁させるためのものですが、何も考えずに、ただバントするだけの選手が多くいます。自分がベストだ

と思っても、それが相手のベストになるとは限りません。ランナーが走りやすいバントとは何かを考えてプレーする必要があります。

このように、問題を抱えていないチームなど存在しません。ですから、まずは自分のチームに何が足りないかを、技術面だけでなく、それ以外の要因も視野に入れながら、分析してみることをおすすめします。チームの問題点にこそ、チームを強くするヒントが隠されているはずです。

先ほど、チームを精密機械に例えましたが、1つの生命体に例えることもできるでしょう。人間のカラダは、さまざまなバランスのうえに成り立っており、例えば、視力を失った人は聴力が発達し、生きていくうえで足りない点を補うようになるという話を耳にします。

チームも何かがダメになったら、全部ダメになってしまうのではなく、ほかの者がカバーする。こうした機能も、チーム力の1つといえるのではないでしょうか。

さまざまな切り口で"チーム力"を鍛える

チーム力をアップさせる第一歩は、選手同士のコミュニケーションを円滑にすることから始まります。

ところが、ここ最近よく言われることですが、現代の子供たちは上手にコミュニケーションを図ることができないように思えます。車中で老人に席を譲るといった、他人を気遣った行動ができる子供は数少ないですし、挨拶すらできない子供たちが増えていることに驚かされます。

その一方で、大人たちも、変化していく時代の風潮をとらえ、子供たちとのコミュニケーションの図り方を工夫する必要があるということも感じます。

一昔前の日本社会では、一体感や連帯感を重視するあまり、団体行動

序章 なぜ"チーム力"が必要なのか？

から外れたことをすると厳しく叱責し、個人が尊重されることが少なかった気がしますし、その後は、やたらと個性をもてはやし過ぎた感があります。

　日本社会は、組織偏重になったり、反対に個性を大切にし過ぎたりと、何かと両極端になりがちな傾向にあります。右とか左とか決めつけるのではなく、バランス感覚を大切にしながら、コミュニケーションを図っていきたいものです。

　本書は、学校の運動部において、競技の技術練習以外で、チーム力をアップするための「メニュー」を用意しました。上記のようなコミュニケーション力を養うものなどをはじめ、バリエーションに富んだメニューを盛り込んでありますので、選手たちの目線を変えて、"チーム力"というものを意識させていただけると幸いです。

では、以下に各章のメニューの目的を簡単に紹介していきます。

◎第1章　モチベーションを高める

　この章のメニューは、ある目標に向かってみんなで取り組むものです。チームに何が足りないのかをみんなで考えたり（メニュー1）、チームのために何ができるか考えて実行してもらいます（メニュー4）。

　目標や目的が設定されているので、それを達成させるためにモチベーションが高まりますし、競い合う中で、選手たちの気持ちも高ぶっていきます。

◎第2章　コミュニケーション力をつける

　この章のメニューは、五感をとおしてお互いがつながっていることを実感させるものです。

　メニュー13では、声を出さずに練習させます。言葉を発してはいけないという非日常的な状況の中で、どう相手を理解し、ジェスチャーだけで、どのようにコミュニケーションを図るかチャレンジさせます。

　このようなメニューは、日々の練習や試合中などに、例えば、仲間が辛そうな表情をしていたなら、それを察してあげるということに役立ちます。

　そのほか、ウソをついている人を当てたり（メニュー10）、賛成派と反対派に分かれて議論する（メニュー12）など、選手たちの興味を引くものを用意しました。

◎第3章　相互理解を深める

　コミュニケーション力をつけるメニューに近いものですが、ここでは相手の感じ方や考え方などを、言語によって引き出していきます。

　今の子供たちは、相手を理解しようとするとき、極端に言うなら、

「あいつは敵か味方か」といった程度の区分しかしない傾向にあります。そして相手が敵であると認識したとしても、いったいどういう敵なのかということまでは踏み込んで考えようとしません。

　そこで、相手の良いところを1分間言いつづけたり（メニュー14）、相手との共通項を探して仲間を増やす（メニュー16）ことで、より深くお互いを知ることを目標としました。

第4章　信頼関係を築く

　信頼とは、人を信じる力であり、人に頼ることができる力だと思います。相手のことを信じて、全面的に頼るということは、じつは難しいことです。ある事柄を人に頼んでおきながら、途中で口出ししてみたり、結果についてクレームをつけるようでは、本当に任せたことにはなりません。

　コミュニケーションがきちんと図れて、相手のことを理解していれば、その人の力量もわかり、頼むことのできる範囲も判断できるようになります。

　この章のメニューでは、キャプテンを日替わりで経験する（メニュー20）ことで、お互いの立場を理解したり、ポジションごとにグループをつくり、ほかのグループに対して、自分たちのポジションについてプレゼンテーションする（メニュー23）ことで、チーム内の信頼関係を深める契機とします。

◎第5章　状況対応力を磨く

　チームは生命体であると前述しましたが、生きている人間と同じように、チームもあらゆる状況に対応する必要が出てきます。ですから、ある状況に対してチームが対応している際は、個々の選手もその大きな流れに呼応しなければなりません。

　具体的な例をあげるなら、例えばサッカーでオフサイドトラップを仕掛ける場合、この戦術に関わるディフェンス陣のすべてが、的確に状況を判断し、一糸乱れずプレーしなければなりません。

　この章のメニューでは、どちらか一方が目かくししてキャッチボールをしたり（メニュー25）、目かくしした人に指示しながらゴールまで導いたり（メニュー26）して、設定されたある状況の中で、それに対応していく能力を磨きます。

◎第6章　チームプレーを意識する

　チームプレーが必要なことを、頭で理解している選手は少なくないと思いますが、実際にカラダを動かしながら、プレーに結びつけることができる選手は、それほど多くはありません。この章のメニューでは、カラダと頭を使って、チームプレーを自分のものにしていきます。

　リズムに合わせて全員でボールを回して一体感を感じたり（メニュー35）、相手チームの目線で自分のチームをチェックし、数字には現われにくい「チームに貢献するプレー」を意識させます（メニュー36）。

選手同士の切磋琢磨から"チーム力"が生まれる

　学校の部活動に限らず、社会に出てからもいえることですが、仲間は本当に大切なものです。ところが、現代社会においては、他人との関係が希薄になり、真の仲間と呼べる存在がない子供が多いように見受けられます。

　では、他人への関心が少ない分自己愛が強いかというと、こちらもそうでもありません。自分を愛することができれば、成長したいと願うはずです。自分に厳しくなり、理想の自分に近づこうと努力します。しか

し現状を見ると、他人だけでなく自分自身に対しても深い愛情がなく、「俺はこのままでいい」といった感じで、自分を育てようとはしません。

これは大人たちが、学校や家庭などのさまざまな場面において、「君は、今のままでいいんだよ」という態度で接してきたからだと思います。争いごとを避け、うわべだけで安易な評価をするのは、やさしさでも何でもありません。

競争して結果が出るということは、ある面では傷つくことですが、それによって成長できるのもたしかです。学校の部活動は、子供たちがお互いに切磋琢磨できる格好のシチュエーションです。

本書は、チーム力が向上するメニューを取りそろえたものですが、チームが強くなり、勝利を収めるための第1歩は、「自分を知り、他人を知る」ことから始まるのです。

メニュー活用のポイント

●本書には36パターンのメニューを用意しましたが、どのメニューもやりっ放しにしたのでは意味がありません。それでは、ただいつもとは違った「ゲーム感覚の練習をした」で終わってしまいます。

　これらのメニューを有効活用するためには、「メニューの解説」に書いてあることを参考にしながら、実際にメニューを実践してみて感じたこと、思ったこと、考えたことをもち寄って、

・重要なことは何なのか
・チームとしてどう考えていけばいいのか
・個人個人はどういった意識をもつべきか
・プレーするうえで、どのように役立てていけばいいのか

などを話し合い、チームの共通認識として"共有する"ことが大切です。

　そのうえで実際のプレーに活かしていくことが「チーム力アップ」につながります。

●部員数やチームの状態などはそれぞれのチームによって違うので、「メニューの設定」にある人数、場所、時間などはあくまでも目安と考えて、自分のチームに合うように調整してください。

　また、やり方についても、自分のチームに合うように状況に応じてアレンジしてください。

第1章
モチベーションを高める

How to improve team power

自分の存在を求められることが
モチベーションに結びつく

　"つねにやる気をもちつづけられるチーム"の姿を想像したことがありますか。

　いろいろな考え方があるでしょうが、一言でいえば「雰囲気が良くて、選手それぞれの個性が発揮しやすく、それが組織力アップにつながるチーム」だと思います。

　もう少し具体的にいうと、
　・えこひいきやいじめがない
　・チャンスが平等に与えられる
　・個人が尊重されている
　・きちんとした評価がなされる
　・チームや個人の目標が定まっている
ということになるでしょうか。

「たしかにそれは理想ですが……」という声が聞こえてきそうですが、最初からあきらめるのではなく、どこまでも理想のチームを追い求めてほしいと思います。

お互いの長所を認め合えるチームづくり

　そのためには、まず個人の長所を伸ばすこと。プレーでもキャラクターでも何でもいいので、それぞれが自分の長所に磨きをかけることが大切です。

第1章　モチベーションを高める

「Aのキック力はかなりすごい」「体力勝負のプレーだったらBかCだ」「Dの精神力は人間業じゃない」など、チームメイトの長所を感じるようになると、自然にお互いのことを認め合えるようになり、チームに個人を尊重する雰囲気ができてきます。

そして「自分の長所やもち味がチームに必要とされている」ということが実感できるようになると、やる気は格段に違ってきます。

人間はどんな組織にいても、自分の存在が認められることを無意識のうちに望んでいます。自分の友人が認めてくれる、コーチに認められる、でももちろんうれしいものですが、チームでの存在意義をチームメイトが認めてくれること以上のモチベーションは、ほかにないのではないかと思います。

このことをもう一度認識し直してみてください。

❖ お互いの長所を理解し、認め合えるようになると、チームの雰囲気が良くなり、モチベーションが上がる

Team power

モチベーションが下がっていたら……

　人間は感情の動物です。「いついかなるときでもやる気をもって！」といわれても、実際には難しいこともあるでしょう。というより、やる気があっても、行動に結びつかないことが間々あります。

　よく練習中にミスを連発したり、いつもより多く休んだりしていると「やる気があるのかっ」と怒るコーチがいますが、やる気があっても体がついていかない、あるいは気持ちがついていかないことは誰にでもあります。

　そんなときは「今日はいったいどうしたんだ？」と自分自身に尋ねてみてください。やる気が低下している原因を自問自答してみるのです。

❖ モチベーションを高めるメニューの例：マイナス発言ばつゲーム（→36頁）

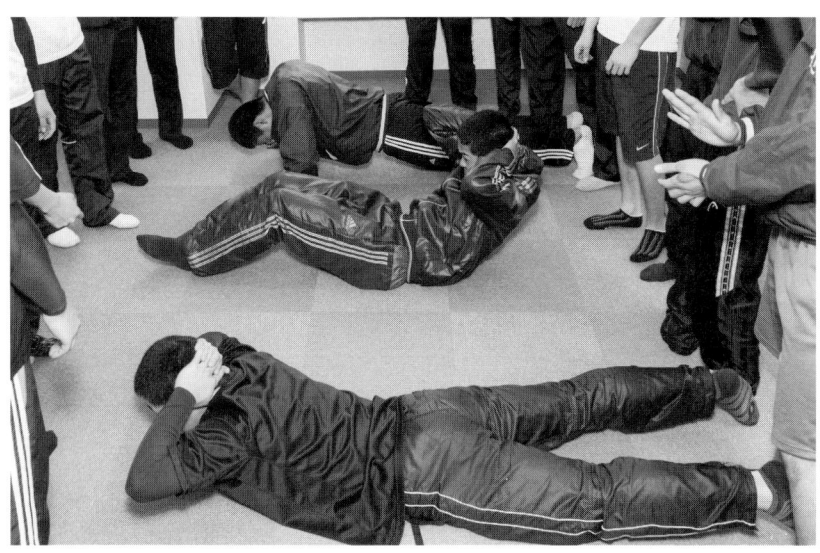

「試合に負けたショックから立ち直れていない」「自分のミスでチームに迷惑をかけたことが頭から離れない」「学校の成績が下がって、親から怒られた」「このところ体の調子が良くない」など、人によってその原因はさまざまでしょう。

原因がわかったら次は解決法です。自問自答を繰り返すことで出口が見えてくることがあるかもしれませんし、チームメイトやコーチに相談することで気持ちが楽になるかもしれません。また、親と話し合うことで新しい展開があるかもしれません。

方法はいろいろですが、原因が明らかになれば自ずと解決法も決まってくるでしょう。一番避けたいのは、やる気が下がっている理由を曖昧にして気合いで乗り切ろうとすることです。

もちろんときに気合いは必要ですが、それはある程度の筋道が見えていてこその話。まずは原因を探ることが先決です。

これは、じつはチームにおいても同じです。何かが停滞していたり、行き詰まりを感じたら、つねに原点に立ち返って「それはなぜなのか」を考えること、その原因を探ることが重要です。それを明らかにすることが、チームの、ひいては個人個人のやる気を向上させる推進力になります。

チームの雰囲気が停滞していることを感じながらも、見て見ぬふりをするのは、限られた貴重な時間をムダにしているのと同じだということを自覚してください。

モチベーションを高めるメニュー ❶
チームに足りないものは何?

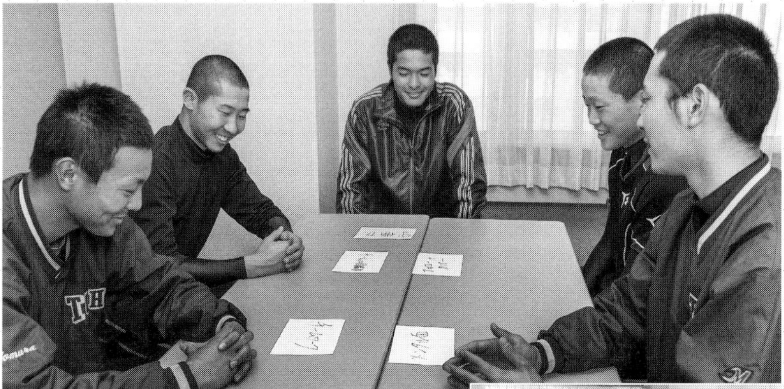

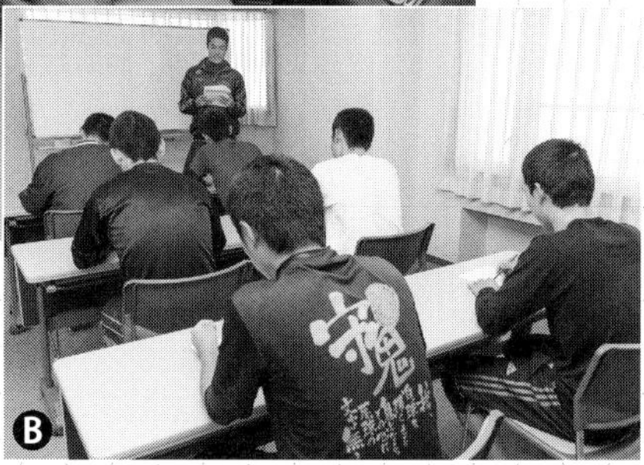

(個人の考えをチームの
共通認識として集約する)

メニューの設定

◎人数:**5〜10人** ◎場所:**部室・教室** ◎時間の目安:**30分**
◎道具:**紙、筆記用具**

第1章　モチベーションを高める

👍 メニューのねらい

チーム内のさまざまな問題について、各自がきちんとした共通認識をもつ

👍 メニューの手順

❶ 5〜10人で1グループとします。
❷「現在のチームに足りないものは何か?」という質問に対して、めいめいが答えを書きます(1人1つ)。
❸ 一番多かった答えについて、グループ内で話し合います。→なぜ、それが問題だと思うのか、どんなときにそれを感じるのか、原因は何なのか、どうすれば改善できるのかなど(写真❹)。
❹ グループごとに「一番多かった答え」と、それについてどんな意見が出たかを報告し合います(写真❺)。

👍 メニューの解説

　チーム内の問題について、各自が共通認識をもつためには、まず自分以外の人がどんな考えや意識をもっているのかを理解することから始めるのがいいでしょう。そこで、あるテーマを質問の形で設定して、それについての答を全員に書かせるようにします。
　この例では、質問を「現在のチームに足りないものは何か?」としていますが、「チームの弱点は何か?」「チームの強み(ウリ)は何か?」など、全員が認識を1つにしたほうがいいテーマであれば何でも構いません。
　重要なのは、各自に答を書かせることによって「誰がどんな考えをもっているのか」を知り、話し合いに積極的に参加させること、大勢の人が感じている内容を知ることで、つねにそれを意識させるようにすることです。

Point & Advice ⋯▶ 注意すべき点とアドバイス

● 質問は「はい」「いいえ」で答えられるものでなく、「答え」を書かせるものにします。
● 5〜10人すべての答が異なっていた場合は、そのときのチーム状況から一番必要だと思われることを選びます。
● 複数のグループが同じ「答え」になることがあるかもしれません。その場合は同じ答について、他のグループがどんな意見をもっているかに注目します。

モチベーションを高めるメニュー ❷
チームの木

〈ラグビーの場合〉

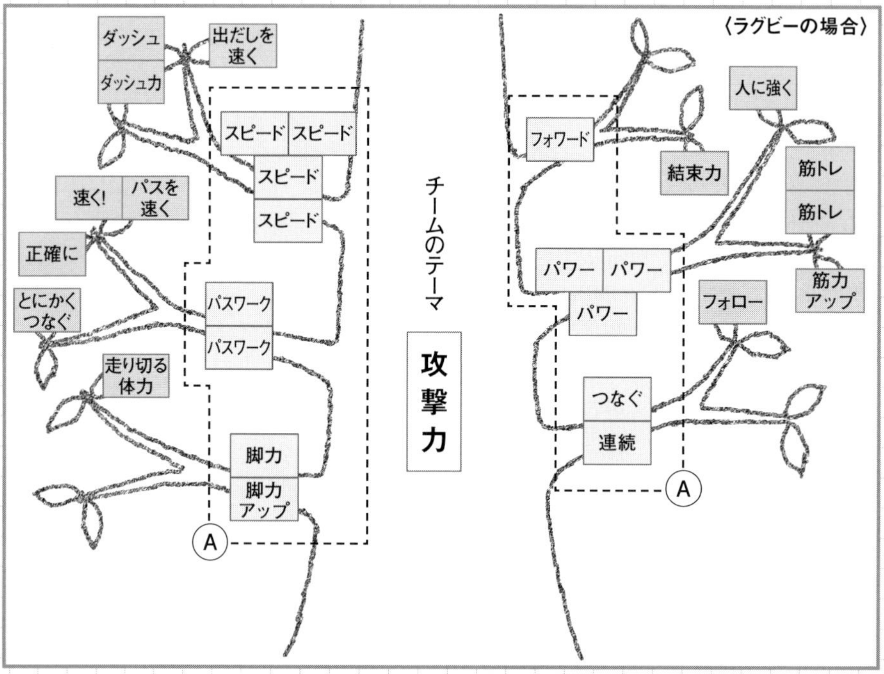

木をモデルにして
チームの幹、枝、葉を決める

メニューの設定

◎人数：**全員**　◎場所：**部室・教室**　◎時間の目安：**20分**
◎道具：**ホワイトボード、ポストイット、筆記用具**

第1章　モチベーションを高める

👍 メニューのねらい

チームについての共通認識をもち、取り組むべき課題を明確にする

👍 メニューの手順

❶コーチ（キャプテン）がホワイトボードにシンプルな木の絵を描きます。→幹、枝、葉をはっきりと。
❷「チームのテーマ」を全員で話し合って決め、幹の部分にそれを書きます。→チームとしてのウリ、伸ばすところなど。
❸テーマから連想することを各自ポストイットに書いて、枝の部分に貼ります（イラストのⒶの部分）。→同じものがある場合にはまとめる。
❹次に、枝の部分に書いてある言葉から連想することをポストイットに書いて、葉の部分に貼ります（イラストのⒶ以外の部分）。
❺完成した「チームの木」を見ながら全員で話し合います。→「メニューの解説」参照。

👍 メニューの解説

　ビジネス界では「見える化」という言葉をよく使いますが、これは活動の状況や実績などをつねに見えるようにしておくことです。このメニューでは、チームのテーマや課題を1本の木として見える化します。
　まず、基となる幹の部分をチーム全員で話し合います。この例では「攻撃力」です。次に、そのテーマから連想されるものを枝として提出します。各人が直感的に思いつくものでいいのですが、同じものがある場合には1箇所にまとめます。この例では「スピード」「パスワーク」「脚力」「フォワード」「パワー」「つなぐ」などです。
　最後に、枝から連想されるものを葉として提出します。この例では「出だしを速く」「ダッシュ力」「パスを速く」などとなっていますが、これが実際のプレーに直結する要素であり、練習メニューに結びつくものになります。

Point & **A**dvice ···▶ 注意すべき点とアドバイス

●ポストイットが集中しているところは、みんなの共通認識であると理解しましょう。

031

モチベーションを高めるメニュー ❸
チームとしての「一日一善」

チームで決めた「善いこと」を全員でやりつづける

メニューの設定

◎人数：**全員**　◎場所：**テーマによる**　◎時間の目安：**適宜**
◎道具：**テーマによる**

第1章 モチベーションを高める

👍 メニューのねらい

「善いこと」をチーム全員で一定期間実行することにより、達成感を味わう

👍 メニューの手順

❶チーム全員で行う「善いこと」を決めます。→グラウンドのゴミ拾い、玄関の掃除、校門の回りの掃除など。
❷決めたテーマを毎日実行します。
❸一定期間つづけて成果が見えたところで、これまでの過程や実行してみての感想などについて話し合います。

👍 メニューの解説

　チーム全員で、ある1つのことを成果が見えるまでやりつづけるのは、それ自体貴重なことです。「善いこと」は面倒なことであっても、やり終えたときに気持ちが充実し、自分たちが役に立てたという実感を得ることができます。
　例としてゴミ拾いや掃除をあげていますが、実際に行うメニューはスポーツ以外のものがいいでしょう。
　というのは、このメニューの目的はチーム全員で"達成感"を味わうことであり、掃除やゴミ拾いは「やろう」という意思さえあれば確実に実行できることだからです。この"確実に"というところが1つのポイントです。
　また、実行する「善いこと」についても「これから一定期間やりつづけて、絶対に成果を上げる」という前提で決めることが重要です。
　ルーティーンとしてやる、あるいは人に言われたからやるのではなく、自分たちで考えて決めたことを実行して、その結果もたらされる"達成感"を全員で感じることに意味があるのです。

Point & Advice ···▶ 注意すべき点とアドバイス

●個人としてでなくチーム全員で味わう達成感は、大きなモチベーションになります。

033

モチベーションを高めるメニュー ④
個人としての「一日一善」

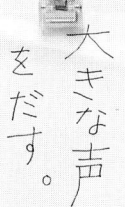
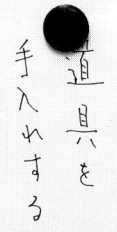

（ 個人としてチームのために
何ができるかを考えて実行する ）

メニューの設定

◎人数：**全員**　◎場所：**テーマによる**
◎時間の目安：**練習時間の前後・練習中**　◎道具：**テーマによる**

第1章　モチベーションを高める

👍　メニューのねらい

「各自が全力を尽くすことがチームワークにつながる」ということを体感する

👍　メニューの手順

❶練習前に各自「練習時間の前後と練習中、チームのために自分ができること」を考え、ボードに貼り出します。→グラウンドの整備をする、道具の手入れをする、誰よりも大きな声を出す、みんなを励ますなど。
❷決めたことを実行します。
❸練習後、自分の決めたことをどの程度実践することができたか自己評価し、発表します。

👍　メニューの解説

「チームプレー」という言葉をよく耳にしますが、多くは自分を犠牲にしてチームのために尽くすプレーという意味で使われます。これを当たり前のこととしてできるようになるためには、日頃からチームプレーやチームワークについて意識している必要があります。

このメニューは「チームのための一善」を考えることから始まりますが、チームのために自分に何ができるかを考えることは、「チーム」や「仲間」について考えることにつながります。そして、めいめいが自分の考えた一善を実践することで、チームの雰囲気は間違いなく良くなります。

このメニューで一番感じてほしいのは、個人個人ができることを最大限に発揮すれば、それがチームワークにつながっていくのだということです。

ふだんの練習でもこの点を意識できるようになれば、自然に「チームのために」という考え方ができるようになるでしょう。

Point & **A**dvice ･･･▶ 注意すべき点とアドバイス

- 「チームのための一善」が重複しても構いません。自分で考えて決めたことを実践するのが重要です。
- 1日でやめてしまわず、意識の変化が見られるようになるまでつづけたほうがいいでしょう。

MENU 5 for team power

モチベーションを高めるメニュー ⑤

マイナス発言ばつゲーム

（ 一言でもマイナス発言をしたら
ばつゲームを与える ）

メニューの設定

◎人数：**全員（マネージャーも）**　◎場所：**練習前の着替えから練習を終えるまでのすべての場所**　◎時間の目安：**練習時間中**　◎道具：**ノートなど（マネージャーの記録用）**

第1章 モチベーションを高める

👍 メニューのねらい

無意識のうちにネガティブな発言をしていることを知り、それがもたらす影響について認識する

👍 メニューの手順

❶実行する日の前日の練習終了時に、練習中（練習前の着替えも含む）、マイナス（ネガティブ）発言をした場合はばつゲームを課すと伝えます。→「かったるい」「めんどうくさい」「やってられない」「やりたくない」など。
❷実行日の練習中にマイナス発言をする人がいたら、気づいた人が適宜マネージャーに報告し、記録します。
❸練習終了時に、マイナス発言をした人とその回数を発表します。
❹該当者には、発言回数×10回のばつゲームを課します。→腕立てふせ、腹筋、背筋など。

👍 メニューの解説

　ふだんはあまり意識していないかもしれませんが、練習中「かったるい」「もうやりたくない」などのマイナス発言をしていることは思いのほか多いものです。
　言うまでもなく、マイナスの発言はあまりいい影響を及ぼしません。内容にもよりますが、回りの人を暗い気持ちにさせたり、チームのムードを悪くしたりします。また、負のエネルギーは連鎖を導きやすいので、場合によっては「負のスパイラル」に陥ることもあります。
　このメニューは、いつもは聞き流している回りの発言を意識すると同時に、自分の発する言葉にも注意を向けさせる効果があります。また、各自がマイナス発言を改めることによって、チームの雰囲気を改善することにもつながります。

Point & **A**dvice ···▶ 注意すべき点とアドバイス

● 1日だけで終わりにするのでなく、マイナス発言が減るまでつづけたほうがいいでしょう。また、一旦やめた後、増えてきたと感じたら、再び減るまで実行するのも効果的です。

MENU 6 for team power

モチベーションを高めるメニュー ❻

盛り上げ組と盛り下げ組

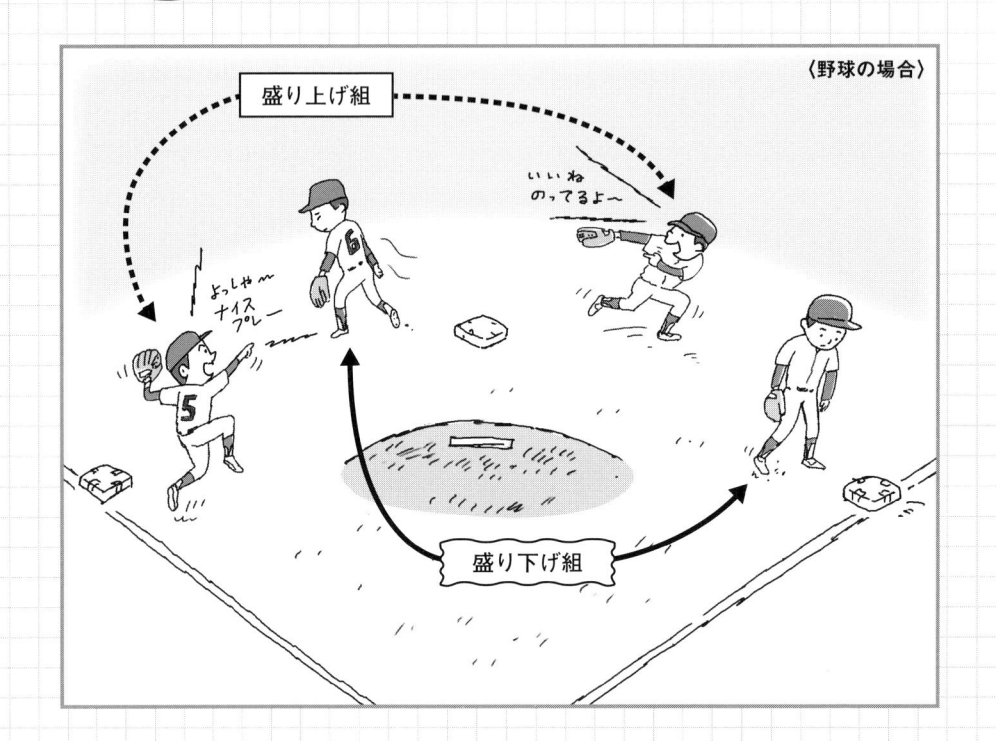

〈野球の場合〉

盛り上げ組

盛り下げ組

（ ポジティブチームとネガティブチーム
に分かれて練習する ）

メニューの設定

◎人数：**全員**　◎場所：**いつもの練習場所**　◎時間の目安：**2時間**
◎道具：**とくに必要ない**

第1章　モチベーションを高める

👍 メニューのねらい

ポジティブな姿勢をもちつづけるには大きなエネルギーが必要なことを知る

👍 メニューの手順

❶チームを「盛り上げ組」と「盛り下げ組」に分けます。
❷最初の1時間は、自分が属する組の組員としてふさわしい態度で練習に臨みます。→
　盛り上げ組：つねに回りを盛り上げようとポジティブな姿勢で練習する（イラスト参照）。
　盛り下げ組：つねに回りを盛り下げようとネガティブな姿勢で練習する（イラスト参照）。
❸次の1時間は、属する組を逆にして練習します。
❹練習が終わったら、それぞれの組に属して練習した結果どんなことを感じたか、何を考えたかを発表し合います。

👍 メニューの解説

　チームの中には、キャプテンをはじめとして自らを鼓舞するように大きな声を出して、雰囲気を盛り上げようとする人と、逆に何かというと文句を言ったり白けた態度をとったりして、回りの雰囲気を悪くする人がいます。
　実際に体験してみるとわかりますが、場を盛り上げるためには強い意志と大きなエネルギーが必要になります。これに対して盛り下げるのは簡単です。なぜなら、人間は負のエネルギーのほうが大きく、放っておけばマイナスの方向に行きやすいからです。
　では、より良い雰囲気で練習するためにはどちらのエネルギーが必要でしょうか。それは言うまでもなくプラスのエネルギーです。
　このメニューでは、盛り上げ組と盛り下げ組の両方の立場に立って、自分の心にどんな変化が起こるのか、チームの雰囲気がどのように変わるのかを体験します。と同時に、プラスのエネルギーをつくり出すのがいかに大変かを身をもって体感します。

Point & **A**dvice ····▶ 注意すべき点とアドバイス

- 「ポジティブな姿勢」とは、前向きな発言をすることはもちろん、大きな声を出したり、元気さや明るさを前面に出すように意識します。
- 「ネガティブな姿勢」は加減が難しいですが、掛け声や大きな声を出さない、白けた態度をするなど、ポジティブな姿勢の反対を意識します。

COLUMN
― ❶ ―
「やる気」について思うこと

　選手には公平にチャンスを与える。そのチャンスを逃しても「はい、終わり！」ではなく、しばらくしたらまたチャンスを与える。チャンスは個々の状態を見ながら絶妙なタイミングで与える。全員に対して平等にチャンスを与えることで生まれる"チームとして戦っているのだ"という強い意識づけ。これがチーム力をじわりじわりと強固なものにしていく。

*

　競争がなければ、組織は停滞し淀んでいってしまう。しかし、アンフェアな競争やえこひいきは組織を歪ませ、個々の精神を蝕んでしまう。嫉妬や確執のない良い意味での健全な競争と、たった一度の結果だけで判断して安易に烙印を押さないこと。これによって選手のやる気に火をつけることができる。

*

　個を窒息させることなく、組織をどんどん活性化させていく。個を生き生きさせて、組織を明るくしていく。そんなチームであれば、選手はつねにモチベーションを保っていられる。

*

　個人もチームも波に乗れないときがある。そんなときは、個々が平均的なことをやろうとするのではなく、それぞれのもち味や長所、特技を最大限に生かしたプレーを心がけるようにする。

個々がチームの1つのパーツではなく、個性的な色合いの集合体がチームであるという意識。これが大切になる。

＊

チームが波に乗っているときは、集団的なまとまりがあるように見えるし、いろいろなことが機能しやすい。しかし、波に乗っていないときは、何をしても裏目に出てしまい、チーム全体が暗くなっていく。そんなときは、個々の特徴や長所などを前面に打ち出して、思い切りプレーをさせてみる。やがて機能しはじめるであろう個々の波をきっかけにして、チームの波へと波及させていく。

＊

「あれもダメ、これもダメ」と短所ばかりを指摘されたら、誰でも自信を失ってしまう。

修正することはもちろん必要だが、それに多くの時間を費やすのであれば、「この部分では絶対にあいつには勝てない」と回りに感

じさせるくらいまで個人の長所を伸ばしたほうがいい、という考え方もある。

*

子供の頃は、失敗を恐れずに立ち向かい、たとえ失敗してもすぐにまた挑戦していたような気がする。失敗する怖さより、成功する喜びのほうが勝っていた。そんな子供の頃の思いを、いくつになっても大切にしたい。

*

大人になるということは「怖さを知る」ことだとよく言われる。しかし怖さばかりが先立って、身動きできなくなるような寂しい大人にはなりたくない。子供の頃のように、失敗しても次にまた平然と挑んでいけるような大人でいたい。

日常でのさまざまな失敗から、人はどんどん小さくなっていってしまう。身体は大きくなるが、心はどんどん小さくなっていってしまう。それでは、大人になることはつまらないことになってしまう。大人になろうとしている今こそ、どんどん挑戦していきたい。

第2章
コミュニケーション力をつける

Team power

コミュニケーションは言葉だけでするものではない

「最近の若い人は、回りの人とあまりコミュニケーションを図ろうとしない」という言葉をよく聞きます。また、「昔に比べてコミュニケーションの図り方が下手だ」ともいわれます。

電車などで、部活の道具が入っているであろう大きなバッグを床に置いた数人の高校生が、お互いに話をすることもなくひたすらスマホと向き合っている光景を見ると、たしかにそうかもしれないなあ、と思うこともあります。

当たり前のことですが、人間が組織（たとえそれが2人であっても）の中でそれなりに生きていくためには、コミュニケーションは不可欠です。だから、誰でも必要最低限のコミュニケーション能力をもっているはずですが、それが得意な人と苦手な人がいます。

コミュニケーションで大切なこと

コミュニケーション能力が高いとはどういうことでしょうか。話がうまい、話題が豊富、場の雰囲気を読むことができる……。どれも必要な要素ですが、大切なのは、単に言葉をやり取りすることではなく、相手に関心をもつことだと思います。

「相手のことを知りたい」「相手に何かを伝えたい」という強い想いを抱くこと。これがコミュニケーションの土台で、言葉はそれを実現するための道具でしかありません。

言葉の巧みさがコミュニケーションの巧さではありません。しゃべることが苦手でも、きちんと意思の疎通を図ることができる人はたくさんいます。

そういう人は、言葉がなくても相手の心のうちを感じ取っていく力に長けています。いわゆる「察する」ということですが、これは非常に大切なコミュニケーション能力です。

「相手は今どんな心境でいるのだろう」「なぜ、この話をしたのだろう」「自分にどうしてほしいと思っているのだろう」とつねに考えることができる力。これがなければ、いくら言葉を並べてみても自分の意図は相手に伝わらないと思います。そして、この「察する」ということは、相手に対して関心をもっていないと発揮するのは難しいものです。

言葉がなくても理解し合えることもあるし、言葉を尽くしても理解し合えないこともある。コミュニケーションとは心でするものだ、といえ

❖「相手のことを知りたい、相手に何かを伝えたい」と思うところからコミュニケーションは始まる

るのかもしれません。

「もっと積極的にコミュニケーションを図れ」と言われたから、しかたなく話しかけたり、大きな声を出している、というのでは真のコミュニケーションを図ることはできません。そうすることの意味をつねに意識するようにしてください。

コミュニケーションはお互いの可能性を広げる

コミュニケーションを図るとき、とくに注意したいことがあります。それは、相手に対して強い先入観をもたないということです。

人間はえてして相手に「あいつはこんな人間だ」というイメージをつくり上げるものです。また、自分自身についても「自分はだいたいこん

❖ コミュニケーション力をつけるメニューの例：対決と調停ゲーム（→52頁）

な人間だ」というイメージを描きます。言ってみれば、相手にも自分にも勝手に輪郭線を引いて、ある種の枠をつくっているのです。

　この状態でコミュニケーションを図ったとすると、輪郭の枠内の自分と相手しか見えていないことになります。そうなると、枠内のことは話すけれど枠外のことは話さないという、狭い範囲でのコミュニケーションに陥りやすいのです。せっかくコミュニケーションを図っているのに、これは大変もったいない話です。

　コミュニケーションは、お互いの可能性を広げるための手段です。それなのに「相手も自分もせいぜいこんなものだろう」という前提があったのでは、広がりが生まれる余地を自ら消しているようなものです。

　ですから、コミュニケーションを図るときは、ぜひ「相手も自分もまだまだこんなものじゃないだろう。誰も気づいていない部分を発見してやるぞ」という意識をもってください。そうすれば、自分たちで引いた枠の外に大きな可能性が見つかるかもしれません。

　良いチームをつくり上げるためには、チームメイトと自分、そしてチームそのものに潜んでいるであろう無限の可能性を信じてコミュニケーションを図ることが重要です。それは簡単なことではありませんが、楽しいことでもあります。

MENU 7 for team power

コミュニケーション力をつけるメニュー ❶
おーい、聞こえるかぁー

> きのうの夜は何たべたんだぁ
>
> カレーとポテトサラダだぁ
>
> 今日の調子はどうだい
>
> まあまあだ

遠く離れた相手と大きな声で会話をする

メニューの設定

◎人数：**2人**　◎場所：**グラウンド**　◎時間の目安：**3分**
◎道具：**とくに必要ない**

第2章　コミュニケーション力をつける

👍 メニューのねらい

「いざ」というとき、大きなよく通る声を出せる

👍 メニューの手順

❶ペアをつくります。
❷50〜100メートルくらい離れます。
❸2人で会話をします。→内容は何でもよい。

👍 メニューの解説

　最近の部活動の様子を見ていて思うことの1つが「声が小さい」ということです。これは女子よりも男子について感じます。

　言うまでもなく、スポーツにおいて声出しは非常に大切な要素です。「元気を出す」とか「気合いを入れる」ということはもちろんですが、とくに試合中にチームメイトに声をかけたり、指示を出したりするときが重要です。

　試合中のフィールドは独特の雰囲気に包まれています。相手選手が自チームの選手に向かって出す指示の声、相手チームのヤジ、敵味方の応援、観客の声援など、さまざまな声が入り交じっています。

　それに加えて本番であるがゆえの緊張感やプレッシャーを感じますから、いつもどおりプレーするだけでも大変です。だからこそ、ふだんから大きな声・よく通る声を出して練習する必要があるのです。

　このメニューのように、グラウンドにたくさんのペアが並んで会話をすれば、当然その声が気になります。その中で自分たちの会話ができるようにすることは、試合で役立つトレーニングになります。

Point & **A**dvice ┈▶ 注意すべき点とアドバイス

- ●最初は20〜30メートルくらいから始めて、少しずつ距離を伸ばしていってもいいでしょう。
- ●声の大きな人、小さな人、恥ずかしがりの人などの組み合わせを考えて、適当にペアをチェンジしてください。

MENU 8 for team power

コミュニケーション力をつけるメニュー❷

君は商品！

（ チームメイトを"商品"として アピールする ）

メニューの設定

◎人数：**2人**　◎場所：**部屋・教室**　◎時間の目安：**20分**
◎道具：**メモ用紙・ノート、筆記用具**

第2章　コミュニケーション力をつける

👍 メニューのねらい

お互いに取材し、アピールし合うことでチームメイト同士の理解を深める

👍 メニューの手順

❶ペアをつくります。
❷商品として売り出すことを前提として、お互いに相手のことを取材し合います（写真Ⓐ）。→性格、特徴、プレーのこと、学校の成績のことなど。
❸取材したことを整理し、まずAがBのことを商品としてみんなにアピールします（写真Ⓑ）。
❹説明が終わったら質疑応答の時間とし、みんなからの商品に関する質問に答えます。
❺同様にして、BがAのことを商品としてアピールし、質問に答えます。

👍 メニューの解説

　一般的に商品を売り出す場合、一番強くアピールするのは、「それがどれほど価値のある（役に立つ）ものなのか」ということです。そのために、
・特徴は何か
・ライバルとの違いはどこにあるか
・商品の概要（スペック）はどうか
などを整理してプレゼンテーションします。
　このメニューでは、ペアを組んだチームメイトを架空の"商品"として売り出します。チームメイト同士なのである程度の知識はあるはずですが、商品としてアピールするために改めて取材をします。そして、得られた情報を自分なりに整理し直して、全員に向かってセールストークを展開します。
　この一連の作業をとおして、ペア同士のコミュニケーションが図られるだけでなく、全員がチームメイトについての理解を深めることができます。

Point & **A**dvice ···▶ 注意すべき点とアドバイス

●チームメイトを"商品"としてアピールすることで雰囲気が盛り上がります。

051

MENU 9 for team power

コミュニケーション力をつけるメニュー ❸
対決と調停ゲーム

対立する2人に妥協案を提案する

メニューの設定

◎人数：**3人**　◎場所：**どこでもよい**　◎時間の目安：**20分**
◎道具：**とくに必要ない**

第2章 コミュニケーション力をつける

👍 メニューのねらい

反対意見をもつ人たちの間に入って調停を成功させる

👍 メニューの手順

❶3人で1グループとします。AとBは対立する者同士、Cは調停役です。
❷Cがテーマを決め、それについてA、Bに質問します。→質問は「食事をするとしたら何系の店がいいか」「旅行に行くとしたらどこがいいか」など身近なものとする。
❸Aが質問に答えます。次にBがAとは別の答を述べます。
❹A、Bで激論を交わします(写真❹)。
❺頃合いを見て、Cが調停案を出します(写真❺)。
❻A、Bともに調停案に納得したら終了。しない場合、Cはその理由を聞き、別の案を出して、納得するまでつづけます。
❼3人全員が調停役となるようにローテーションします。

👍 メニューの解説

　スポーツの現場でも、ふだんの生活においても、ある事柄について意見が対立して場が険悪な雰囲気になったり、行き詰まって前に進まないことがあります。その場合、両者の間に調停役が入ると事態が好転することがあります。
　調停を成功させるには、
・双方の言い分をきちんと聞き、争点を把握する
・一方に偏らないように意識する
・できれば両者を活かす方法を探る。それが無理なときはよりデメリットがあるほうを抑える
・ただし、状況が違えばデメリットがメリットに変わる可能性があることを告げる
などがポイントになります。
　調停案に納得してもらえない場合は、その理由を双方に聞き、さらに議論させたりして別の案を考えます。

Point & **A**dvice ⋯▶ 注意すべき点とアドバイス

●個人間の対立でなく、人数を増やしてグループ同士の対立にしても面白いでしょう。

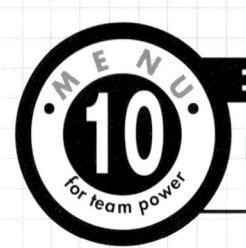

コミュニケーション力をつけるメニュー ❹
MENU 10 ウソをついているのは誰だ

3つの質問をして
ウソをついている人を当てる

メニューの設定

◎人数：**6人**　◎場所：**どこでもよい**　◎時間の目安：**30分**
◎道具：**とくに必要ない**

第2章 コミュニケーション力をつける

メニューのねらい

相手のしぐさ、表情、性格などを考慮して判断を下す

メニューの手順

❶6人で1グループとします。
❷1人と5人に分かれます。1人は探偵、5人は容疑者とします。
❸5人で相談してテーマを決め、それを探偵に伝えます（イラスト1）。→テーマは「最近心に残ったとてもいいこと」など、自分に関わることにする。
❹同じく5人で相談してウソをつく人（1人）と本当のことを言う人（4人）を決め、おのおのテーマに関する話を考えます。
❺探偵は、容疑者5人が考えた話に対して3つの質問をします。第1の質問に対して5人が答え（イラスト2）、次に第2の質問に対して5人が答える（イラスト3）という形で進めます。
❻質問に対する答から、探偵は容疑者のうち誰がウソをついているかを当てます（イラスト4）。
❼同様にして、全員が探偵となるようにローテーションしていきます。

メニューの解説

相手がウソを言っているかどうかを見破るためには、話を集中して聞くことはもちろん、表情やしぐさを細かく観察したり、心の動きを探ることが必要です。それに加えて、自分が知っている相手の嗜好や家族構成、性格、行動パターン、ものの考え方などの材料を総合的に判断することが求められます。

これは、スポーツでも必要とされる重要な能力です。試合前の練習で相手の動きをチェックする、キーマンとなる人の調子を探る、相手のポジショニングから作戦を読むなど、洞察力を発揮できるかどうかで試合展開はまったく違うものになります。

このメニューはチームメイト同士で行うので、ふだんからある程度のコミュニケーションが図られて、お互いを知っていることが前提になります。それだけに、メニュー実践中にあまり盛り上がりが見られない場合には、チーム内のコミュニケーションに問題ありといえるかもしれません。

Point & Advice ····▶ 注意すべき点とアドバイス

●5人のうち4人がウソをついて、1人が本当のことを言うというパターンもあります。

MENU 11 for team power

コミュニケーション力をつけるメニュー ❺

お絵かき教室

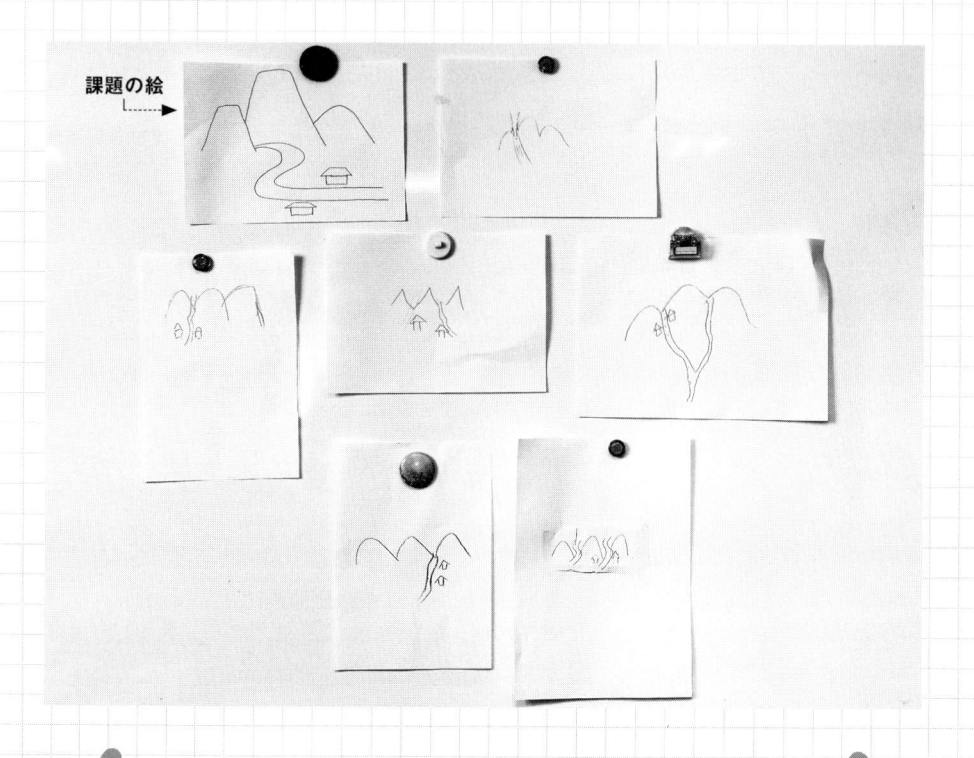

課題の絵

１つの指示に従って全員で絵を描く

メニューの設定

◎人数：**全員**　◎場所：**教室**　◎時間の目安：**10分**
◎道具：**紙、筆記用具、課題の絵、絵を描くための指示**

第2章　コミュニケーション力をつける

👍 メニューのねらい

同じ指示を受けたとしても、受け取り方は千差万別だということを知る

👍 メニューの手順

❶コーチが「課題の絵」と「絵を描くための指示」を用意します。→シンプルなものでよい。
❷コーチが「指示者」を1人選びます。
❸指示者は、「絵を描くための指示」を読みます。→例：「山が3つあります。山の間から川が流れていて、家が2軒建っています」
❹全員で指示に従って絵を描きます。
❺終わったら課題の絵を前に貼り出して、自分の描いた絵や回りの人の絵と比べます（写真参照。左上が課題の絵）。→コーチは、同じ指示を受けてもとらえ方がさまざまであることを説明する。
❻指示者を中心として、全員が課題の絵と同じ絵を描くためにはどのような指示が必要になるかを話し合います。

👍 メニューの解説

　1つの指示の元に絵を描いたとしても、おそらくまったく同じ絵は1つもないでしょう。「山が3つあります」という極めて簡単な指示にすると、A君は3つの山を連ねて描くかもしれませんし、B君は離ればなれに描くかもしれません。また、山の高さも3つが同じくらいかもしれませんし、ばらばらかもしれません。
　このメニューで感じてもらいたいのは、「同じ言葉を聞いたとしても、人によってとらえ方はさまざまである」ということと、「伝えたいことを的確に伝達するためには、表現方法に工夫が必要になる」ということです。
　「物事のとらえ方は人によって違うものだ」ということを実感するとともに、スポーツの現場で重要になる"プレーのイメージをどう言葉にするか"という問題について考えてみてください。

Point & Advice ･･･▶ 注意すべき点とアドバイス

●絵を描くとき、指示者に質問をしてはいけません。

057

コミュニケーション力をつけるメニュー ❻

MENU 12 賛成派・反対派

賛成派と反対派に分かれて激論を戦わせる

メニューの設定

◎人数：**全員**　◎場所：**どこでもよい**　◎時間の目安：**適宜**
◎道具：**とくに必要ない**

第2章　コミュニケーション力をつける

👍 メニューのねらい

自分の意見を自由に主張し合えるようなチームの雰囲気づくりをする

👍 メニューの手順

❶スポーツに関して"意見（見解）の分かれるテーマ"を設定します。→①絶対にばれることがないドーピング法があるとしたら自分は使うか使わないか？　②試合中、故意とわからなければファール（反則）してもいいか？　③平成4年の夏の甲子園における星稜高校松井秀喜選手の5連続敬遠の是非、④試合中のガッツポーズの是非など。
❷テーマについて賛成派・反対派に分かれて討論します（写真❹）。→発言者は相手を説得し、自分の側に引き込むことを目的とする。
❸相手の発言に賛同する場合は、自分の居場所を変えても構いません。
❹結論を出すことが目的ではないので、議論が煮詰まったところで終了します。

👍 メニューの解説

このメニューの目的は次の3つです。
・相手を説得することを目的として自分の意見を主張する
・人の考えに絶対はなく、状況によっては移ろうものだということを知る
・自分の意見をきちんと言い合えるようなチームの雰囲気をつくる

これらを実現するためには、激論を戦わせるためのテーマが重要です。スポーツに関連する話題で、賛成とも反対とも決めかねるようなものであれば、自分にも身近な問題として議論にも集中しやすくなり、雰囲気も盛り上がります。

また、賛成派と反対派を分けて意見を戦わせる点、いつでも賛成、反対を変更していいというルールがムードを一層高めます。

Point & **A**dvice ･･･▶ 注意すべき点とアドバイス

●発言は、挙手してから行うこと（写真❻）、人が話しているときには集中して聞くことをルールとします。

059

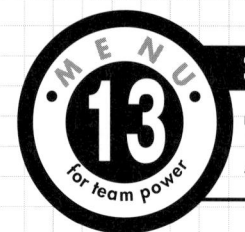

MENU 13 for team power

コミュニケーション力をつけるメニュー ❼
声はなし！ジェスチャーのみ

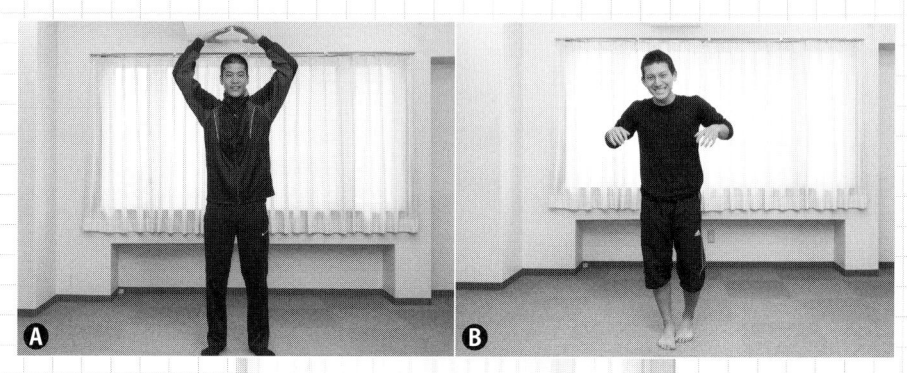

Ⓐ Ⓑ Ⓒ

(声を出さずジェスチャーのみで練習してみる)

メニューの設定

◎人数：**全員**　◎場所：**いつもの練習場所**　◎時間の目安：**適宜**
◎道具：**とくに必要ない**

第2章　コミュニケーション力をつける

👍 メニューのねらい

体全体を使ってコミュニケーションを図ることの重要性を体感する

👍 メニューの手順

❶練習前に全員を集めて「監督・コーチ以外は声を出さずジェスチャーのみで練習する」ことを伝えます。
❷練習をジェスチャーのみで行います。→「オーケー」：両腕で大きな○をつくる(写真Ⓐ)、「楽にいこう」：肩を上下させる(写真Ⓑ)、「ナイスプレー」：ガッツポーズをする(写真Ⓒ)など。
❸適当なところでふだんの練習に戻します。
❹練習が終わったら、ジェスチャーのみでの練習について感想を話し合います。

👍 メニューの解説

　ジェスチャーは、非常に大切なコミュニケーションツールです。外国で言葉が話せなくても、身ぶり手ぶりで思っていることを伝えられたという経験のある人は、意外とたくさんいるでしょう。
　スポーツでもジェスチャーは重要です。テレビで、ジェスチャーを交えてお互いの守備位置を確認しているシーンを見かけることがありますが、よく観察していると、大事な場面になるほど、ジェスチャーも大きくなることがわかります。
　これは、ただ声を出すよりも、体全体を使って表現するほうが、より確実にコミュニケーションを図ることができるからです。
　また、ジェスチャーは、チームの雰囲気を盛り上げることにも役立ちます。相手を刺激するようなものは感心しませんが、「オーケー」「楽にいこう」「ナイスプレー」などの言葉をジェスチャーを交えて表現することは、緊張をやわらげたり、ムードを盛り上げることにつながります。

Point & **A**dvice ⋯▶ 注意すべき点とアドバイス

●このメニューでは、声の重要性も再認識することができます。

COLUMN ―❷―
「自由」について思うこと

　自由なプレーとは何か。自由だから単に型を破ればいいというものではない。自由だから自分が好き勝手やればいいというものでもない。それではチームが機能しなくなってしまう。
　自分がやりたいプレーではなく、自分も他者も活かせるプレーこそが本当の意味での自由なプレー。自分ありきではなく、他人ありき。これが実現できる創造性のあるプレーを追求したい。

*

　チームにはモラルや規則、型などが必要になる。一方で、自由や創造性も必要になる。そのバランスをどのように図っていくのか。魅力あるチームをつくるカギはこのあたりにある。

*

　自由と規制を考えるうえで意識したいのが、視野を狭くしないことだ。ある世界の常識が別の世界では非常識である場合もある。
　自分のいる世界に閉じこもっていると、常識が絶対的なものだと錯覚してしまう。だから、勇気をもって違う世界をのぞいたり、新しいことに挑戦する必要がある。

*

　常識に風穴を開ける。それを自分の力でどれだけやれるのか。そのためには、新しい刺激をどんどん自分の中に取り入れていかなければならない。常識にしがみついていたら、新しい発想やアイデア

はいつまでたっても生まれてこない。

*

　自由な発想をするからといって、自分の世界の常識を捨て去れ！ということではない。これまでの常識はあくまで土台でいい。そこに新しいものをどんどん積み上げていけばいいのだ。
　大切なのは、小さな世界をすべてと思わないこと。大きな世界のほんの一部でしかないと十分理解しておくことだ。

*

　チームは、ときに些細なことで乱れる。反対にちょっとしたことでまとまることもある。そのきっかけとなるのが、新しい発想だったりアイデアだったりする。

*

　言いたいことも言わず、表面的な争いを避けて付き合っていても

お互いを理解したことにはならない。仲の良い振りをしながら、どんどんストレスをためていくことになる。

*

　チームを良くしようと思ったら、当然自分の意見を自由に主張し合うことになる。しかし、お互いが性根をすえて話し合えば、わかり合える部分は必ずある。
　ぶつかり合うことを繰り返すうちにまとまりが生まれ、それが団結力へとつながっていく。そうやって固まった団結力は、そう簡単に壊れたりはしない。

第3章
相互理解を深める

How to improve team power

Team power

真の相互理解から
本当のチームワークが生まれる

　相互理解とは、文字どおり「お互い同士が理解し合う」ことですが、どの程度理解したら「本当にわかり合っている」ことになるのかは誰も断言することができません。人それぞれに温度差があります。

　例えば、あるチームのキャプテンA君は「うちのチームはみんなが相互理解し合っていて、コミュニケーションもばっちり。絆の強さはどこにも負けない」と思っています。一方、別のチームのキャプテンB君は「うちの弱点はチームワークがいま1つ足りないこと。その原因は、チームメイト同士の相互理解が足りないからだ」と感じています。

　そこで、両方のチームをよく知っているCさんに実際のところどうなのかと尋ねたところ、意外にも「どう考えてもB君のチームのほうが相互理解ができている」という答が返ってきました。こんなことも充分ありうるのです。

相互理解の元になるもの

　初対面の人同士がコミュニケーションを図ろうとする場合、一番スムーズにいくのは共通の何かがあることです。「出身中学が同じ」「同じ駅を利用している」「ひいきのプロ野球チームが同じ」など、お互いに共通するものがあると、それをきっかけにして親近感が生まれ距離を縮めることができます。

　それでは、同じチームに属する者同士の共通項とは何でしょうか。そ

第3章 相互理解を深める

れは言うまでもなく「同じスポーツ（競技）をしている」ということです。チームとして頂点に上り詰めたい、レギュラーになりたい、ライバルに負けたくないなど、それぞれの目標・目的は違っているとしても、「このスポーツが好きで好きでたまらない」という想いについては一致しています。

　チーム全員がもつこの共通項は、何にも替えがたい強いものです。なぜなら、好きなものに対するこの想いは、困難な状況にあっても踏ん張り抜く底力を与えてくれるからです。

　経験がある人もいるでしょうが、ときに練習がイヤになって投げやりな気持になることがあるかもしれません。また、チームの中で孤独感を感じてその場から逃げ出したくなることがあるかもしれません。

　そんな最悪の状況にあっても、希望の光を与えてくれるのが「やっぱりこのスポーツが好きなんだ」という想いの強さです。そして、チームメイトはこの想いをともにもつ者同士だからこそ、最終的には真に理解

❖ 立場や考え方が違っていても、「このスポーツが好きだ！」という気持ちが相互理解の核になる

Team power

し合うことができると信じていいと思います。

相互理解には覚悟がいる

　もちろん人間同士だから、チームメイトといえども「あの人は何となく苦手だな」と感じたり、「何かというと反対意見を言って自分を困らせるいやな奴だな」と思うこともあるでしょう。ときには、チームが分裂して反目し合ったり、関係修復は不可能だと思われるような大げんかをすることがあるかもしれません。

　しかし、それはある集団が1つにまとまっていく過程においては、必ず通らなければならない関門だともいえます。「雨降って地固まる」ではありませんが、真に安定した関係を築き上げるためには、たとえ衝突

❖ 相互理解を深めるメニューの例：あなたの良いところ（→70頁）

することは避けられないとわかっていても、お互いに本音をぶつけ合い、がっぷり四つに組まざるをえない場合もあるのです。

　表面的なつきあいを継続するための最低限の相互理解をするのが目的であれば（それを相互理解というかどうかはわかりませんが）、それほど難しいことはありません。しかし、本当の意味で相互理解するためには、幾度となく壁にぶつかって、それを乗り越えなければなりません。

　そのことを面倒くさくて嫌なことだと考えるか、チームを強くするために必要なことだから正面から取り組もうと思うのか、人それぞれ違うでしょうし、どちらを取るかは最終的に各人が決めることです。

　ただ、1つ1つの壁を乗り越え、1段1段階段を昇るようにしてお互いを理解することができたときの達成感は、体験した人しかわからないすばらしいものです。

　何でもそうですが、簡単にできることは楽かもしれませんが、決して楽しいものではありません。一方、苦しく、辛くても地道に積み上げていく中で手にすることができた喜びは何にも替えがたいものです。

　真の相互理解への道とは、まさしくそのようなものです。自分の大好きなスポーツを通して、そのような貴重な経験を1人でも多くの人にしてもらいたいと思います。

MENU 14 相互理解を深めるメニュー ❶
あなたの良いところ

（ 1分間相手の良いところを 言いつづける ）

メニューの設定

◎人数：**2人**　◎場所：**どこでもよい**　◎時間の目安：**適宜**
◎道具：**とくに必要ない**

第3章 相互理解を深める

👍 メニューのねらい

お互いに良い点を伝え合うことによって、自分の長所を改めて認識する

👍 メニューの手順

❶ペアをつくります。
❷AがBに相手の良いところを1分間言いつづけます。→性格、キャラクター、プレーのすぐれた点など何でもよい。
❸同様にして、BがAの良いところを1分間言いつづけます。
❹ペアをチェンジして、同じようにつづけます。→時間の許す限り適宜。あらかじめペアの組み方などを決めておいてもよい。

👍 メニューの解説

　スポーツの現場では、「どうしてできないんだ」「何度言ったらわかるんだ」などの否定的な言葉が多く聞かれます。これが毎日のようにつづくと、言われていることがもっともな場合でも、感情的には反発したり、沈みがちになるものです。
　一方、人間はほめられると自然に気分が良くなりますし、自分がほめることで相手が気持ちよくなっているのを見ると、自分の気分も良くなるものです。
　また、人に言われることで、自分の良い点を再認識できることもあります。例えば、自分で多少わがままだと感じている性格について、人からリーダーシップがあると言われたとすれば、「そういうとらえ方もあるのか」と気づくことができますし、そのことを強く意識するようにもなります。そうなれば、わがままな部分が良い方向に転化して、真のリーダーになれるかもしれません。
　このメニューでは、お互いの良いところを言い合いますが、相手の良いところを探すことは、それと対比して自分の良いところ（悪いところ）を考えることにもつながります。

Point & Advice ⋯▶ 注意すべき点とアドバイス

◉最初は恥ずかしくて話が弾まないこともあるので、時間は適当に調整するといいでしょう。

MENU 15 for team power

相互理解を深めるメニュー ❷
パートナー探しゲーム

1	2
主人公：「旅行に行くパートナーを選びます」	「3つの質問に答えて下さい 質問①：＿ 質問②：＿ 質問③：＿」
3	4
答①…… 答②…… 答③……	「パートナーはC君です。理由は〇〇〇〇〇〇〇〇〇〇〇〇」

質問に対する答から自分にぴったりの相手を探す

メニューの設定

◎人数：**6人**　◎場所：**どこでもよい**　◎時間の目安：**30分**
◎道具：**とくに必要ない**

第3章 相互理解を深める

👍 メニューのねらい

質問すること、答えることによって、お互いの相互理解を深める

👍 メニューの手順

❶6人で1グループとします。
❷誰か1人を主人公に決めます。
❸主人公は、あるテーマのもとに自分の相手を1人選ぶことを宣言します（イラスト1）。
　→テーマは、自分と旅行に行くパートナー（※）、学級委員を一緒にやるパートナー、無人島に一緒に残るなら誰にするかなど。
❹主人公は、自分のパートナーを選ぶために3つの質問をします（イラスト2）。→上の※の例であれば、どこに行きたいか、交通手段は何がいいかなど。
❺主人公以外の5人が、3つの質問に対して答えます（イラスト3）。
❻質問の答から、主人公はパートナーを1人選び、その理由を明らかにします（イラスト4）。
❼同様にして、全員が主人公となるようにローテーションしていきます。

👍 メニューの解説

　繰り返しになりますが、チームづくりはチームメイト同士の相互理解から始まります。これは、それを促すためのゲーム感覚のメニューです。
　テーマ設定と質問の内容によって、主人公である質問者の趣味や価値観、あるいはものの考え方などをうかがい知ることができますし、最後にパートナーを選んだ理由を明らかにすることで判断基準も理解できます。一方、主人公の質問に対する答から、5人の性格やキャラクターの一端をつかむことが可能です。
　質問に答える際に、「相手はどうしてこの質問をしたのか」「どんな答を期待しているのか」などを探ってみることも大切です。

Point & Advice ⋯▶ 注意すべき点とアドバイス

　●あくまでもゲームなので、テーマは何でも構いません。

073

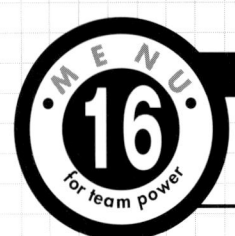

MENU 16 for team power

相互理解を深めるメニュー ③
共通項は何だ！

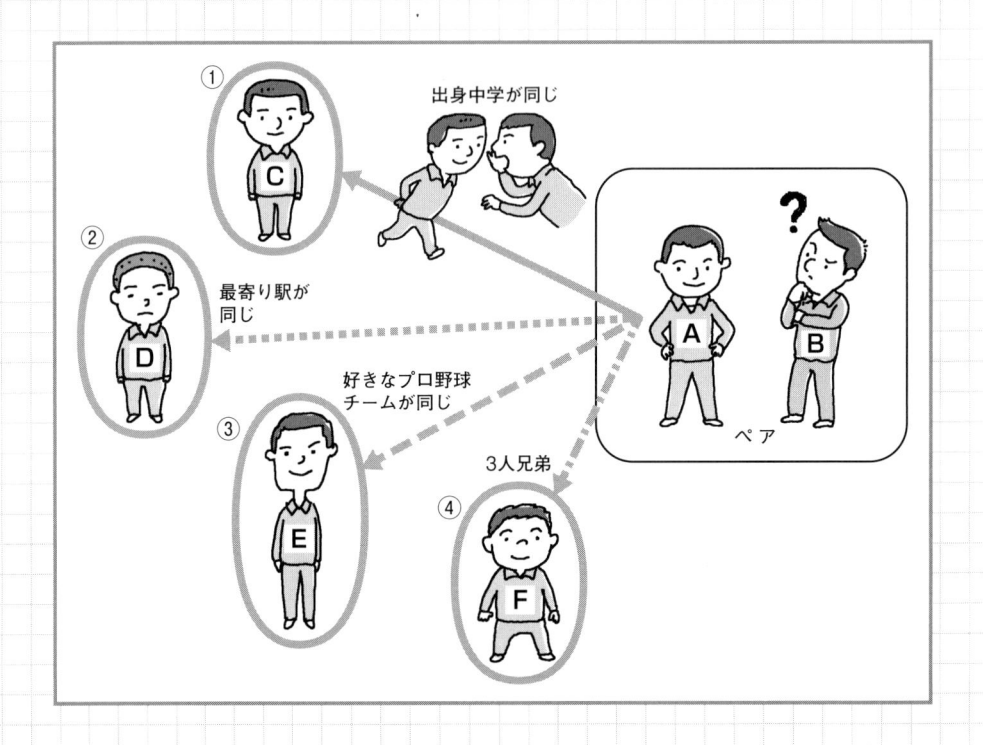

- ① C：出身中学が同じ
- ② D：最寄り駅が同じ
- ③ E：好きなプロ野球チームが同じ
- ④ F：3人兄弟

A・B：ペア

共通項つながりで自分の仲間を増やす

メニューの設定

◎人数：**全員**　◎場所：**どこでもよい**　◎時間の目安：**適宜**
◎道具：**とくに必要ない**

第3章 相互理解を深める

👍 メニューのねらい

「共通項」をキーワードにチーム内の相互理解を深める

👍 メニューの手順

❶ペアをつくります（以下イラスト参照）。

❷Aは自分と共通項のある人を全員の中から1人選び（C）、その共通項が何であるかを耳打ちします。→共通項は、出身中学が同じ、最寄り駅が同じ、弟がいるなど何でもよい。

❸Bはその共通項が何であるかを当てます。

❹当たった場合はそこで終了。当たらなかった場合Aは正解を明かし、別の共通項をもつ人（D）を選びます。

❺以下、Bが共通項を当てられるまでつづけます。

❻Aの番が終わったら、役割を交代してBが同様に行います。

❼A・Bのペアが終了したら、別のペアに交替して同様に行い、共通項の多さを競います。

👍 メニューの解説

このメニューは、ある程度お互いのことを知っている前提で行います。より多くの共通項をもつためには、家族構成、住んでいるところ、好きなスポーツ・食べ物など、チームメイトのことを知っている必要があります。

また、共通項を当てる側も、AとC、あるいはAとDの共通項は何かを考えるために、A、C、Dについてのある程度の知識をもっていなければなりません。その意味では、コミュニケーション能力に長けている人ほどより多くの共通項をもち、相手の共通項も当てやすいといえるでしょう。

人と人とが相互理解をするうえで、そのきっかけとなるのが共通項です。このメニューは、そのきっかけづくりをするのに役立ちます。

Point & **A**dvice ····▶ 注意すべき点とアドバイス

◉部員の数が多い場合には（20人以上）、グループに分けて行ってもいいでしょう。

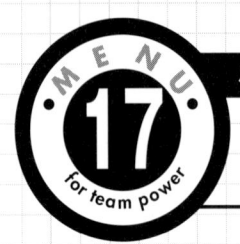

MENU 17 for team power

相互理解を深めるメニュー ❹

誰の答か当てクイズ

質問用紙

■ 好きな食べ物・嫌いな食べ物は何ですか？
・好き：激辛チャーハン　越後屋のカレー（星5つ）
・嫌い：味のうすいもの

■ 好きな俳優（男優・女優どちらでも）は誰ですか？
・男優：高倉健命
・女優：栗山千明命

■ 好きなプロスポーツのチーム（プロ野球・Jリーグ・Vリーグ・トップリーグなど）はどこですか？
・野球：㊥阪神タイガース
・Jリーグ：ガンバ大阪
・ラグビートップリーグ：神戸製鋼コベルコスティーラーズ

■ 嫌いな練習メニューは何ですか？
・ランニング、ダッシュなどの"走る系"すべて。

（ 質問に対する答の特徴から それが誰のものであるかを当てる ）

メニューの設定

◎人数：**全員**　◎場所：**部室・教室**　◎時間の目安：**30分**
◎道具：**質問用紙、筆記用具**

第3章 相互理解を深める

👍 メニューのねらい

チーム内のコミュニケーションの度合いをはかるとともに、相互理解を深める

👍 メニューの手順

❶質問用紙を用意して、全員に配ります。→質問の内容は、好きな食べ物は？　好きな俳優は？　好きなプロ野球チームは？　得意なプレー・苦手なプレーは？　嫌いな練習メニューは？　など。
❷なるべく自分の特徴を出すことを意識して回答します。→例えば、好きな食べ物を○○屋のカレーとするなど（左の例参照）。
❸質問用紙を回収して、順不同で1枚ずつ答を発表していきます。
❹全員で答を聞きながら、それが誰の回答であるかを当てます。

👍 メニューの解説

　スポーツに限らず、組織内のコミュニケーションがうまくいっているチームやグループは団結力が強く、雰囲気も良いものです。逆に、それがうまくいっていない組織は暗いイメージで、それぞれがバラバラの印象を受けます。
　チームづくりの第一歩は、チームメイトを知ること、すなわち「相互理解」から始まります。放っておいても自然にうち解けあって、コミュニケーションが図られていくこともありますが、たいていの場合はそれなりの手段を講じる必要が出てきます。
　このメニューには大きく3つの目的があります。1つめは、質問に答えることで自分の特徴をアピールすること。2つめはクイズ形式で誰の回答かを当てることで、相互理解を深めること。そして、3つめは、クイズの盛り上がり具合によって、現在のチーム内のコミュニケーションの状態を把握することです。

Point & Advice ⋯▶ 注意すべき点とアドバイス

●質問は硬軟織りまぜて、なるべく回答者の特徴が出しやすいものにします。また、答えによって自分をアピールすることを強く意識させます。

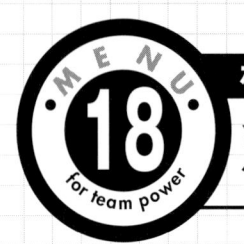

相互理解を深めるメニュー ❺
18 私は誰でしょう？

チームメイトのものまねをして
それが誰であるかを当てる

メニューの設定

◎人数：**全員**　◎場所：**どこでもよい**　◎時間の目安：**適宜**
◎道具：**とくに必要ない**

第3章 相互理解を深める

👍 メニューのねらい

チームメイトのことを観察するとともに、自分の個性をこれまでより意識する

👍 メニューの手順

❶順番を決めます。
❷1人ずつ前に出て、コーチやマネージャーも含めたチーム内の誰かのものまねをします（写真❹）。→プレー、ふだんのしぐさ、歩き方、しゃべり方など何でもよい。また、ジェスチャーのみ、声のみのまねでもよい。
❸全員で、それが誰のものまねであるかを当てます。

👍 メニューの解説

　一口に「ものまね」といっても、簡単ではありません。ふだんから関心をもって回りの人を見ていないと、すぐに「○○のまねをしよう」と思いつくことはできません。また、その人の特徴をきちんととらえていなければ、何をどうしたらいいのか戸惑ってしまいます。日頃からチームメイトに興味をもって、よく観察している必要があるのです。

　ものまねは、まねをされる側の人にも影響を与えます。ものまねは、その人の癖や特徴をとらえて多少大げさに表現するものなので、まねをされた人にとっては、「自分はふだんからこんな動きをしていたのか」「他人からはこんなふうに見えていたのか」という発見があります。

　仮にまねをされた内容があまり良いことでなければ、その癖を直そうとするでしょうし、逆に良いことであれば、自分のウリと考えるようになるかもしれません。いずれにしても、まねされたことを1つの個性と考えて、より強く意識するようになります。

Point & **A**dvice ···▶ 注意すべき点とアドバイス

- いきなり「ものまねをしろ」と言われてもなかなかできるものではないので、前もって伝えておき、準備させてもいいでしょう。
- 個人だけでなく、ペアを組んで連係プレーのまねをしても面白いでしょう。
- ものまねが誰のものであるかわかった後、その人に前に出てきてもらい2人で"競演"すると盛り上がります（写真❽）。

相互理解を深めるメニュー ❻
ジョハリの窓

MENU 19 for team power

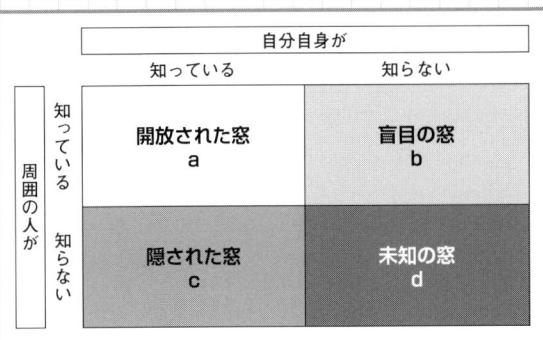

図A
- a：自分も他人も知っている公開された自己：open self
- b：自分は知らないが、他人は知っている自己：blind self
- c：自分は知っているが、他人は知らない隠された自己：hidden self
- d：自分も他人も知らない（気づいていない）自己：unknown self

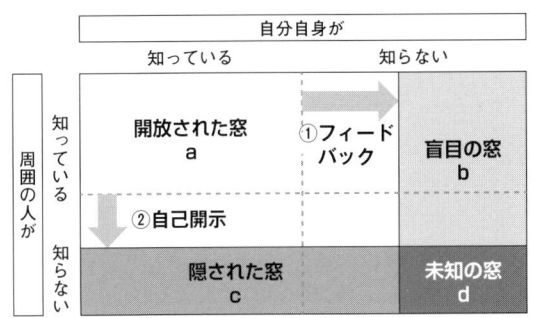

	自分自身が 知っている	自分自身が 知らない
周囲の人が 知っている	開放された窓 a	盲目の窓 b
周囲の人が 知らない	隠された窓 c	未知の窓 d

図B
① 自分に対する人の意見を聞いて「そう思われていたのか」と気づき、それをフィードバックすることによってaが大きくなる（bは小さくなる）。
② 自分をオープンにする（自己開示）ことによってaが大きくなる（cは小さくなる）。

（①フィードバック／②自己開示）

（ ポジション別にお互いについて思っていることを言い合う ）

メニューの設定
- ◎人数：**全員**　◎場所：**部室・教室**　◎時間の目安：**30分**
- ◎道具：**ホワイトボード**

第3章　相互理解を深める

👍 メニューのねらい

ポジションをキーとしてチーム内の相互理解を深める

👍 メニューの手順

❶ポジション別にチームを組みます。→あまり細分化せず、野球ならバッテリー、内野、外野の3チーム、サッカーならフォワード、ミッドフィルダー、ディフェンダーの3チームぐらいが適当。チームが3つ以上になる場合は、まずそのうち2つのチーム間で行う。
❷Aチームが「自分たち（Aチーム）についてどう思うか」「Bチーム（相手）についてどう思うか」「Bチーム（相手）がAチーム（自分たち）についてどう考えていると思うか」意見を出し、ホワイトボードに記して整理します。
❸Bチームも同様にします。
❹お互いの結果を見比べながら、大きく食い違っている点について「なぜそうなるのか」「改善するためにはどうすればいいか」などを話し合います。
❺チームが3つ以上ある場合は、総当たりで同様の作業を行います。

👍 メニューの解説

「ジョハリの窓」とは、ジョセフ・ルフトとハリー・インガムの2人が考案した対人関係における気づきのモデルで、図Aのように表されます。

コミュニケーションが苦手という人は、この図でaの部分が小さく、b、cの部分が大きい人と考えられますが、逆に言えば、b、cの部分を小さく、aの部分を大きくすることができれば、人間関係がスムーズにいくということになります。

そのためには、自分に対する人の意見をフィードバックすることと、自分を公開することが必要です（図Bの①②）。

これは個人だけでなく、組織においても同じです。このメニューを実践することで、それぞれのポジション同士の相互理解を促し、チーム全体のコミュニケーションを図ります。

Point & **A**dvice ···▶ 注意すべき点とアドバイス

●相互理解を図ることを目的として、忌憚のない意見を交わし合うことが重要です。

COLUMN ―❸―
「仲間」について
思うこと

　人が集まれば「好き嫌い」や「合う合わない」があって当然だが、部活動は好きな人間同士で集まる場ではない。その競技が好きな人間が集まる場だ。
　イジメまがいのことをして人を追い込む暇があったら、自分を追い込んで練習に励みたいものだ。

*

　選手として鍛えてきたメンタリティがあるなら、その力で仲間を励まし、助けられるようになりたい。「スポーツをしてきた人は人間的にもすばらしい」と言われるようにしたい。

*

　部活動でイジメによる自殺者を出すような悲しいことはやめてほしい。人間が同じ人間に対してやっていいことには限度がある。
　人を心底から傷つけるようなことは今すぐやめなくてはいけない。自分自身後悔する日が、いつか必ずやってくる。

*

　チームメイトそれぞれに対してはいろいろな思いがあるものだ。しかし、学生時代の限られた数年だけしかともにプレーできない仲間であることも事実だ。
　苦楽をともにし、涙や笑顔を共有してきた仲間との絆、一体感、感謝の気持ち……。それらを大切にしたい。

第3章　相互理解を深める

＊

　自分がチームのためにできることは何かを考え、それに全力を尽くす。そこでは好き嫌いなどということは関係ない。そんな中でこそ、仲間との信頼関係や絆、感謝の気持ちは生まれる。
　振り回されなくていいことには気を回さず、自分のやるべきことをしっかりやり抜くことに集中すれば、本物の仲間ができるようになる。

＊

　そもそも、仲間はつくるものというより、ある夢に向かって同じ釜の飯を食い、苦楽をともにし、汗を流し、涙をぬぐい、心から笑い合う中で自然にできるものだ。それは、思い出はつくるものではなく、全力で過ごしてきた時間がいつしか自然に思い出に変わるのと似ている。
　仲良しごっこをして仲間づくりをするのではなく、お互い何かに

全力投球することで絆が深まり、結果として心が通い合って仲間になっていくのだ。

＊

　最初から何もかもぴったり合う人間なんていない。ときに意見や考え方が食い違い、ぶつかり合うのは当然のことだ。
　ぶつかったから仲が悪いということでは決してない。逆にぶつかり合わないから仲が良いということでもない。お互い腹の内を見せずに遠慮しているだけのこともあるからだ。
　ただしぶつかり合うときには、相手を否定するためではなく、お互いを理解するためだということを強く意識したい。

＊

　魅力あるチームの選手は、味方だけにとどまらず、対戦する相手チームの選手にも高い意識をもって向き合うことができる。
　勝ったときでも負けた相手を思いやり、気配りすることができる。負けたときでも、勝った相手に対して尊敬や感謝の気持ちを忘れることはない。
　勝てばうれしいし、負ければ悔しい。しかし、そのことだけに終始してしまうのはあまりにも寂しい。試合を通してともに熱い時間を過ごした相手に対して何を思い、それをどう表すのか。そこのところが重要なのだ。

第4章
信頼関係を築く

Team power

信頼関係とは、仲間を信じ、自分自身も信じること

　秋から冬にかけては駅伝の花盛りです。各種の大学駅伝、高校駅伝、実業団駅伝、都道府県対抗駅伝など、テレビ中継を見ながら興奮を抑えられません。

　人気の高いお正月の箱根駅伝では、毎年必ずドラマが生まれます。ランナーたちは、スタートからゴールまで仲間の汗の染み込んだ1本のタスキをつないでいきます。

　苦しくても辛くても、次に待っている仲間のために自分の体力の限界まで追い込んでいきます。ともに厳しい練習に耐え抜いてきた仲間、走りたくても走れない仲間のために"想い"を込めてタスキをつないでいきます。

　中には意識朦朧（もうろう）の状態でふらふらになりながら、倒れ込むようにしてタスキをつなぐ選手もいます。「仲間のために、チームのために」という想いの強さ。そこにドラマが生まれます。今の時代に一番欠けているものが、この駅伝にはあるような気がします。

信頼関係を築くための大前提

　駅伝で優勝したチームのインタビューを聞いていると「仲間を信じて走りました」という言葉が頻繁に聞かれます。

　仲間を信じるとは「必ずやってくれるに違いないと、仲間（相手）を信じる。と同時に、同じように自分も仲間（相手）に信じられている」

第4章　信頼関係を築く

という意味だと解釈できますが、この相互の関係＝信頼関係を成立させるためには、もう1つ「自分自身を信じる」も加える必要があるように思います。

　想像してみてください。あなたは選手として選ばれ、ある区間を任されました。同じように苦しい練習をしてきた仲間は50人。彼らの熱い想いを背負って、あなたは結果を出さなければなりません。その重圧は並大抵のものではありません。

「自分の責任区間をきっちり走り切ることができるだろうか」「チームの良い流れを自分が止めてしまったらどうしよう」「長い距離を残して体調が悪くなったらどうしたらいいだろう」……。マイナスの方向に考え始めたらキリがありません。

　中にはあまりのプレッシャーの大きさに押しつぶされてしまう人や、実力の半分も出せない人もいるでしょう。

❖ 信頼関係を築くためには、プレッシャーに耐え、自分自身を信じることができなければならない

Team power

　自分の実力を信じることができなければ過小評価しかできず、重圧を跳ね返すことはできません。逆に、仲間を信じることができるように自分自身も信じることができれば、実力以上の力が出せるかもしれません。

　信頼関係とは、仲間が信じてくれる自分を、自分自身も信じることができるようにすることから始まります。そのためには、自分が自分を信じられるだけの努力を積み上げていくしかありません。

信頼関係を築く方法

　チームの弱点を克服するために、負け試合のビデオを分析することがあります。その場合、主にプレーの技術面を重視しがちになりますが、反省すべきプレーについて「なぜ、ここでこうしたのか」「どうしたら

❖ 信頼関係を築くメニューの例：キャプテン交代制（→90頁）

よかったと思うか」「回りの選手にできることはなかったか」ということまで含めてチェックし、それについてチーム全員で話し合ってみてください。

　1つの試合の中でポイントとなるシチュエーションはとてもたくさんあります。そのそれぞれについて、自分のプレーに対する反省とともに、「どうしてもっと早くカバーしてくれなかったのか」「パスのタイミングがもう一呼吸遅ければうまくいったのに」「相手に作戦を感づかれていたのではないか」など、回りの選手に対して感じるところも数多くあるはずです。

　しかしたいていの場合、誰が見ても明らかなミス以外については自分の思ったことを口にせず、なるべく波風を立てないようにしてその場をやり過ごそうとします。

　それは、誰かを責めたり、責任転嫁と思われたり、チームメイトと言い争いになることを恐れるからでしょうが、これは真にチームのことを考えた行動とは言えません。なぜなら、これをつづける限り新しい発見はなく、成長することもできないからです。

　なあなあで済ませていれば表面上は穏やかですが、本質的な問題の解決は置き去りのままです。それより、きちんと原因を明らかにして、チーム全員で共通認識をもつことのほうがはるかに重要です。

　一時的にチームが険悪な雰囲気になるとしても、みんながチームを良くしたい、強くなりたいという気持ちをもっていれば必ずまとまることができます。そういう山を1つ1つ乗り越えて、より強い信頼関係を築くことができるのです。

MENU 20 — 信頼関係を築くメニュー ❶
キャプテン交代制

キャプテンを日替わりで交代してみる

メニューの設定

◎人数：**全員**　◎場所：**いつもの練習場所**　◎時間の目安：**1日**
◎道具：**とくに必要ない**

第4章　信頼関係を築く

👍 メニューのねらい

キャプテンがいかに大変で、重要なものであるかを各自が体感する

👍 メニューの手順

❶チーム全員に、「日替わりでキャプテンをしてもらうので準備をしておくように」と告げます。
❷実行する前日に「明日のキャプテン」を指名します。
❸指名された人は、実行日の練習前に「どんなキャプテンでありたいか」「今日の目標」「練習について」などを発表します。
❹チームは、練習終了まで「1日キャプテン」に従って行動します。
❺終わったら、実際にキャプテンを務めてみた感想を発表します。

👍 メニューの解説

　言うまでもなくキャプテンはチームの中心です。つねにチームをまとめることを考えて行動しなければならず、精神的なプレッシャーは想像を絶するものがあります。
　にもかかわらず、チームメイトたちはおのおの勝手なことをしたり、場合によってはキャプテンに対する不満を口にしたりするものです。
　そこで、より多くの人にその任を体験してもらい、いかにキャプテンが大変なものであるかを認識してもらいます。
　もちろん、1日体験したからといってその苦労のすべてがわかるわけではありませんが、自分が中心になってチームをまとめていくことの難しさは充分理解できるはずです。そしてそれを核として、チームの中に「キャプテンをサポートしていこう」という気持ちが広がっていきます。
　なお、このメニューはシーズンオフに行うようにします。

Point & Advice ┅▶ 注意すべき点とアドバイス

　◉理想的にはチーム全員がキャプテンを務めるといいのですが、指名を受けた何人かの人が体験するだけでも、効果はあるでしょう。

MENU 21 for team power

信頼関係を築くメニュー ❷

長所と短所

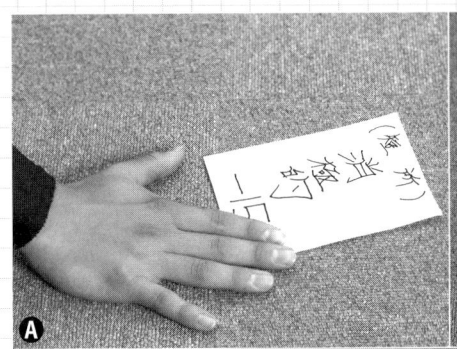

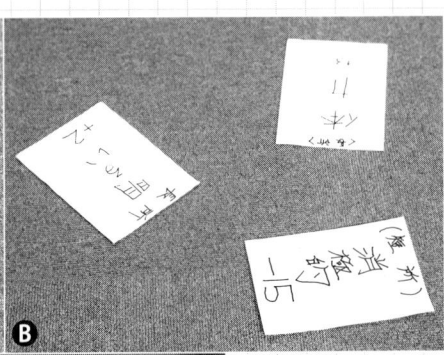

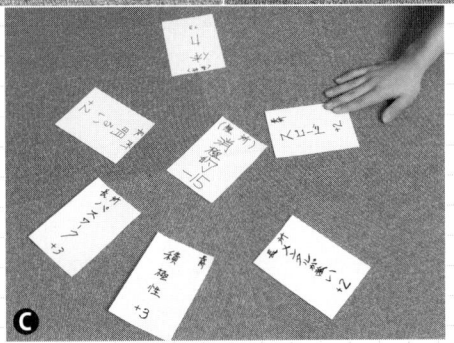

1人の短所を
他の人の長所で補い合う

メニューの設定

◎人数：**5人**　◎場所：**部室・教室**　◎時間の目安：**20分**
◎道具：**カード（A4の紙を4等分したもの）、筆記用具**

092

第4章 信頼関係を築く

👍 メニューのねらい

誰かの短所は、回りの人の長所で補えるということを知る

👍 メニューの手順

❶ 5人で1グループとします。
❷ 各自が、性格・キャラクターやプレーに関わる自分の長所と短所を1枚のカードにつき1つずつ書き出します。→短所は－15点で1つのみ、長所は＋2点か＋3点（自己評価する）として、1人最低2つは書き出す（多いほうがよい）。
❸ 5人の順番を決めて円形になり、1番の人が短所のカードを真ん中に差し出します（写真Ⓐ）。
❹ それ以外の人は、出された短所を補えると思われる自分の長所を順番に提出していきます（写真Ⓑ）。
❺ 出されたカードの点数がプラスになったところで終了します（写真Ⓒ）。
❻ 同様にして、全員が自分の短所を書き込んだカードを差し出すようにローテーションします。

👍 メニューの解説

誰にでも短所（欠点）はあります。スポーツに限らず組織やチームは、お互いの短所を補い合うことで成立しています。強いチームは、それを当たり前のこととして本質的に理解しています。このメニューは、そのことを感覚的につかむためのものです。

このメニューでは、自分の短所は－15点と決められています。それを補う回りの人の長所は内容も点数もまちまちで、1つ2つではマイナスを補うことはできませんが、4つ5つと重なってくれば必ずプラスに転じさせることができます。

実際のチームでも同じで、たとえ1人のマイナスを1人のプラスで補うことができなくても、数人の長所が集まればチーム全体としてはプラスにもっていくことができます。めいめいがそのことを強く意識することが大切です。

Point & Advice ┈▶ 注意すべき点とアドバイス

◉ 長所のカードにバリエーションをつけて、＋1点～＋5点（自己評価する）で最低4つ書き出すとしても面白いでしょう。

093

信頼関係を築くメニュー ❸

MENU 22 違うのはどれだ！

紗紗紗紗紗紗紗紗紗紗紗紗
紗紗紗紗紗紗紗紗紗紗渉紗紗
紗紗紗紗紗紗紗紗紗紗紗紗
紗紗紗紗紗紗紗紗紗紗紗紗
紗紗砂紗紗紗紗紗紗紗紗紗

たくさんの漢字の中から違うものを探す

メニューの設定

◎人数：**3人**　◎場所：**部室・教室**　◎時間の目安：**3分**
◎道具：**作成した漢字表**

第4章 信頼関係を築く

👍 メニューのねらい

役割分担の重要性を理解し、そのうえでさらなるフォローが必要だということを知る

👍 メニューの手順

❶3人で1グループとします。
❷用意した漢字表を配ります。→漢字表には、同じ漢字をたくさん並べ、その中に似たような別の漢字をいくつか入れておく（左の例参照）。
❸合図と同時に3人で違った漢字を探します。
❹すべて探し終わったら終了です（タイムを計る）。

👍 メニューの解説

　このメニューは2回行います。1回目は手順のみを説明して実施、終わったところで作戦タイムを設けます。おそらくほとんどのグループが、作業をスムーズに行うためには役割分担が必要だと考えて、全体を3つのエリアに分け、3人がそれぞれを受け持つようになるはずです。

　2回目は、1回目よりも早くなりますが、それでも反省点が出てきます。一番多いのが、エリアの境界がわかりにくいためについ他人任せになってしまい、見逃してしまうというケースです。

　似たような問題は、スポーツの現場でも起こります。たいていのスポーツには各自の守備範囲がありますが、ミスはこのエリアの周辺で起こることが多いのです。ここにも、やはり無意識の「他人任せ」が潜んでいます。日頃から、決められた守備範囲プラス20％くらいは自分がフォローするつもりでプレーすれば、このようなミスを防ぐことができるでしょう。

Point & **A**dvice ･･･▶ 注意すべき点とアドバイス

- エリア分担をするとき、筆記用具を使ってはいけません。
- 2回目が終わったところでも、1回目と同じように改善点・反省点などを話し合いましょう。

MENU 23 for team power

信頼関係を築くメニュー ❹
ポジション別プレゼン

（ ポジションごとに
プレゼンテーションをする ）

メニューの設定

◎人数：**全員**　◎場所：**部室・教室**　◎時間の目安：**適宜**
◎道具：**模造紙などの大きな紙、筆記用具（マジックなど）**

👍 メニューのねらい

自分のポジション以外についても理解してプレーに役立てる

👍 メニューの手順

❶ポジション別にグループをつくります。
❷それぞれのポジションのことを正確に理解してもらうのを目的として、プレゼンテーションする内容を検討します。→大変な点・苦労する点、快感を感じるとき、魅力、ポジションについて考えることなど。最後に必ず「要望」と「連携プレーの相手へ」の項目(メニューの解説参照)を入れる。
❸❷に基づいて、話し合った内容を模造紙などにまとめます。
❹グループごとに自分のポジションのプレゼンテーションをします(グループ全員でも代表者でもよい)。
❺各ポジションから出された「要望」、「連携プレーの相手へ」について全員で話し合います。

👍 メニューの解説

　自分が取り組んでいる競技であれば、すべてのポジションについてある程度の知識はもっているものですが、実際にどんな苦労があるのか、他のポジションに要望することは何かなどについてまでは知らないものです。
　このメニューは、ポジション別にプレゼンテーションすることで、お互いについての理解を深めて、プレーやコミュニケーションに役立てることが目的です。ポイントは、項目として「要望」「連携プレーの相手へ」を入れることで、例えば、野球でサードを守っている人を例にとると、次のようになります。

・要望：ライン際の深いゴロの場合、送球は必ずワンバウンドになるので、ファーストは何とか対応してほしい。
・連携プレーの相手へ：三遊間のゴロについては、とりあえず自分は飛び込むので、ショートはそのつもりでいてほしい。

Point & Advice ···▶ 注意すべき点とアドバイス

●プレゼンテーションするだけでなく、それを元に全員で話し合うことが重要です。

MENU 24 — 信頼関係を築くメニュー ⑤
サンキューパスポート

【サンキューパスポート】

山田、ありがとう。

とても感謝しています。

《理由》
自分はケガをしていて試合に出られないのに、いろいろ気をつかってはげましてくれた。
感謝！

小川

【サンキューパスポート】

鈴木、ありがとう。

とても感謝しています。

《理由》
マネージャーとして、全員のことをよく見ていて、タイミングよくホッとする言葉を言ってくれる。

野口

(チームメイトに対して感謝の気持ちを表現する)

メニューの設定
◎人数：**全員**　◎場所：**部室**　◎時間の目安：**いつでもよい**
◎道具：**サンキューパスポート**

第4章 信頼関係を築く

👍 メニューのねらい

お互いに感謝の気持ちをもち合い、それを育てられるようにする

👍 メニューの手順

❶ チーム全員に「サンキューパスポート」（写真参照）を配ります。
❷ 何か感謝したいことがあったときには、サンキューパスポートに記入し、ボードなどに貼り出すようにします。

👍 メニューの解説

　スポーツに限らず「感謝の心をもて」というセリフはよく聞かれますが、ともするとそれは見せかけだけのものになりがちです。また、たとえ心から感謝しているとしても、恥ずかしくて面と向かってその気持ちを伝えられないこともあります。
　そんなとき、「サンキューパスポート」が役立ちます。これは特別なものではなく、感謝の気持ちとその理由を記すだけですが、紙に書くことによって素直な思いを表現することができます。また、名前があがった人も、自分の行動を認めてもらえたうれしさを感じるとともに、書いてくれた人に対する感謝の気持ちも芽生えます。
　「パスポート」と名付けたのは、これによってお互いに感謝の気持ちを表現し合うことが、チームの絆を強めていくことへの通行証である、という意味を込めています。
　はじめのうちは戸惑いがあるかもしれませんが、これが定着してくるとチームメイトがやっていることに対して意識を向けるようになり、お互いに認め合うことができる関係が広がっていきます。
　「想い」というものはしっかりと言葉にして伝えたほうが、自分にとっても相手にとっても大きく心の中に広がっていくものです。

Point & **A**dvice ···▶ 注意すべき点とアドバイス

● 「○○、ありがとう」だけでなく、必ず感謝の理由まで記すことが重要です。
● サンキューパスポートを記入した人の名前は、必ず記すようにします。

COLUMN
― ④ ―
「思いやり」について
思うこと

　誰もが"自分基準"の思いやりをもっている。その基準が自分と相手で少しでもズレていると、思いやりはときに相手にとってお節介になったり負担になったりする。

＊

　思いやりをもつことはとても大切だが、同時にとても難しいことでもある。相手の立場に立って考えることが思いやりの第一歩であるが、お互いが相手の立場に立って考えたがゆえに、譲り合いのような形になってしまうことがある。

＊

　世の中には、お互いが良かれと思ってしたことが裏目に出てしまう場合がある。お互いが思いやりの気持ちをもっているにもかかわらず、すれ違ってしまう。これは単なるわがままをぶつけ合うより厄介なものだ。

＊

　人は自分の心の中にさまざまな感情を抱えて生きている。その感情を解き放そうとするとき、言葉にして伝える。1人で抱えていることに耐えられないと感じたら、信頼できる誰かに話せばいい。そうすれば、放たれた言葉の分だけ少しは心が軽くなるかもしれない。

＊

第4章 信頼関係を築く

　辛くて悲しいとき誰かに話せば、その想いは半減するかもしれない。うれしくて楽しいとき誰かに話せば、その想いは2倍になるかもしれない。「想い」を言葉に乗せて伝えることは、本当に大切なことだ。

＊

　相手が真剣に何かを話そうとしているときには、自分も真剣にそれを受け止めるようにしたい。相手が心を開こうとしているのだから、自分も心を解き放すようにしたい。

＊

　誰かが苦しい思いをしていたら、さりげなく手を貸す。辛い思いをしていたら、温かな笑顔を向ける。悲しい思いをしていたら、ともに涙する。誰かが元気になって笑顔が戻れば、自分の心も穏やかになる。

＊

　ほんの少しでいい、回りを見渡してみる余裕をもとう。きっと声

にはならない心の叫びで、助けを求めている人がいるはずだ。1人の力は小さいかもしれないが、ときにとんでもなく大きなものとなる。

*

　チームの絆は、チームメイトみんなの心に思いやりが宿ったときに生まれる。自分が仲間を生かし、同時に自分が仲間に生かされる。そんなチームをつくり上げたい。

助けが必要なとき、あなたの腕の少し先に
いつも救いの手がさしのべられていることを忘れないでください。

年を重ねると、人は自分にもふたつの手があることに気づきます。
ひとつは自分自身を助けるため。
そして、もうひとつは誰かを助けるため。

（サム・レヴェンソンの詩より）

第5章
状況対応力を磨く

Team power

状況対応力は
一朝一夕には身につかない

　状況対応力と聞いて「あまり聞いたことがないし、何だか曖昧な言葉だな」と感じる人もいるでしょう。私がここで考える状況対応力とは、
- ・判断力
- ・決断力
- ・直感力
- ・集中力
- ・洞察力
- ・精神力

などを含んだ、いわば総合的な力のことです。
　ある状況において、「さまざまな要素から現状を把握し、何が問題となっているかを考え、それを解決するために今何をすべきなのかを決める」ためには、これらすべての力が必要になります。

状況に対応するために必要な力

　例えば、ある大会の決勝戦で、力の拮抗した相手チームと死力を尽くした接戦を演じているところを想像してみてください。
　お互いのチーム力は同じくらいですから、緊迫した場面の連続です。一瞬たりとも気を抜くことはできません（→集中力）。
　試合の流れは大きくは動きませんが、小さな流れは行ったり来たりしています。ちょっとしたきっかけで相手に流れが行くこともあれば、こ

ちらに傾くこともあります。

　しかし、勝負を決するような大きな流れがどこかで必ずやってくるはずです。それはいつなのか、全身の神経を研ぎ澄ましてその兆しを感じ取ろうとします（→直感力、洞察力）。

　やがて、試合には大きな変化が訪れます。自分のチームに有利な展開であれば、そこで一気に攻め込むべきなのか、それとも冷静になって守りの体制をとるべきなのか迷います（→判断力、決断力）。

　逆に自分のチームに不利な展開であれば、何とか踏ん張らなければなりません。気力を振り絞って耐えながら反撃への糸口を探り、相手のスキをついて形勢逆転を図ります。決してあきらめることは許されません（→精神力、判断力、決断力）。

　今述べた試合のシミュレーションは、同じくらいの力をもった相手という前提でしたが、試合になれば多少の違いはあっても同様の力の使い

❖ 試合の場面場面で、状況に応じて適切な対応をするためには、さまざまな能力が要求される

Team power

方をしているはずです。

そして状況対応力は、試合のときだけ発揮しようとしてもうまくいくものではありません。練習のときから、というよりふだんの生活の場面でつねに意識していないと、その力を向上させるのが難しい性質のものです。

判断力アップに必要なこと

状況対応力の中でとくに磨きをかけてもらいたいのが「判断力」です。なぜなら、どんなに高い技術をもっていたとしても、状況判断を誤ればミスを誘発し、それが負けにつながることもあるからです。

スポーツでの状況判断は一瞬でしなければなりません。プレーしなが

❖ 状況対応力を磨くメニューの例：目かくしウォーキング（→110頁）

ら目、耳、肌からできるだけ多くの情報を感じ取り、それらをもとに「自分はどうするべきか」を総合的かつ瞬間的に判断します。「さて、どうしようか」と考えている暇はありません。

　この状況判断の正確度を上げるためには、イメージ力が必要になります。あるプレーをするときに起こりうる状況と、それに対してどう対処したらいいかをイメージしておくのです。

　こうして想像の中で予行演習しておけば、似たような状況に出くわしても余裕をもつことができ、冷静な判断をくだす可能性が高くなります。

　もう1つ重要な要素は、柔軟な発想力です。固定観念や先入観、常識に縛られていては臨機応変な判断をすることはできません。これまで積み上げてきたものを土台にして自分の独自性を加味する。そこに無限の可能性が生まれます。

　固定観念にとらわれていると、ある限られた空間がすべてになってしまい、そこから外に出ることが億劫になってしまいます。それでは四角四面な考え方しかできなくなり、一瞬ごとに場面を変えていくスポーツの現場で正確な判断を下すことはできません。

　発想を変えれば、見える世界も違ってきます。これまで思いつかなかったようなアイデアやひらめきがわいてくるかもしれません。このことをつねに意識するようにしてください。

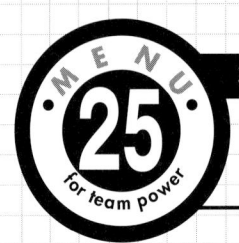

MENU 25 for team power

状況対応力を磨くメニュー ❶
目かくしキャッチボール

> どちらか一方が目かくしして
> キャッチボールをする

メニューの設定

◎人数：**2人**　◎場所：**体育館・グラウンド**　◎時間の目安：**10分**
◎道具：**目かくし、バレーボール（ソフトバレーボール）**

第5章　状況対応力を磨く

👍 メニューのねらい

お互いのイメージを共有しながらプレーする

👍 メニューの手順

❶ペアをつくります。
❷2〜3メートルほど離れ、バレーボールを使ってアンダーハンドでキャッチボールをします。なるべく一定のフォームで投げるようにします（写真Ⓐ）。→投げるフォーム、ボールを離すタイミング、ボールの軌道などのイメージをつかむことを意識する。
❸次に、オーバーハンドでキャッチボールします。❷と同様にイメージをつかみます。
❹投げる前に「アンダー」「オーバー」と相手に伝えてからキャッチボールをします。
❺どちらか一方が目かくしをして、❹と同様にキャッチボールをします（写真Ⓑ）。→ミスをしたら原因について話し合い、フィードバックする。
❻捕れるようになったら、目かくしする人を交替します。

👍 メニューの解説

　スポーツは、連携プレーの連続です。野球のダブルプレー、サッカー、バスケットボール、ラグビーなどのパス、バレーボールのレシーブ→トス→スパイクなど……。これらのプレーにはある一定のリズムがあります。
　練習は、ある意味このリズムを体得して技術を向上させるためにあるともいえますが、繰り返し同じ動作を行う中で、お互いのプレーのイメージが共有されることによって精度が上がります。
　このメニューは、それを体感するためのものです。目かくしをしていないときに、相手の投げるフォームやボールを離すタイミング、ボールの軌道などのイメージをいかに正確につかんでいるかで、目かくしをしてからのキャッチボールがスムーズにできるかどうかが決まります。このイメージする力は、スポーツにおいてとても大切な感覚です。

Point & **A**dvice ┈▶ 注意すべき点とアドバイス

◉速いボールを受けることが目的ではありません。ケガをしない程度のスピードで行ってください。

MENU 26 — 状況対応力を磨くメニュー❷
目かくしウォーキング

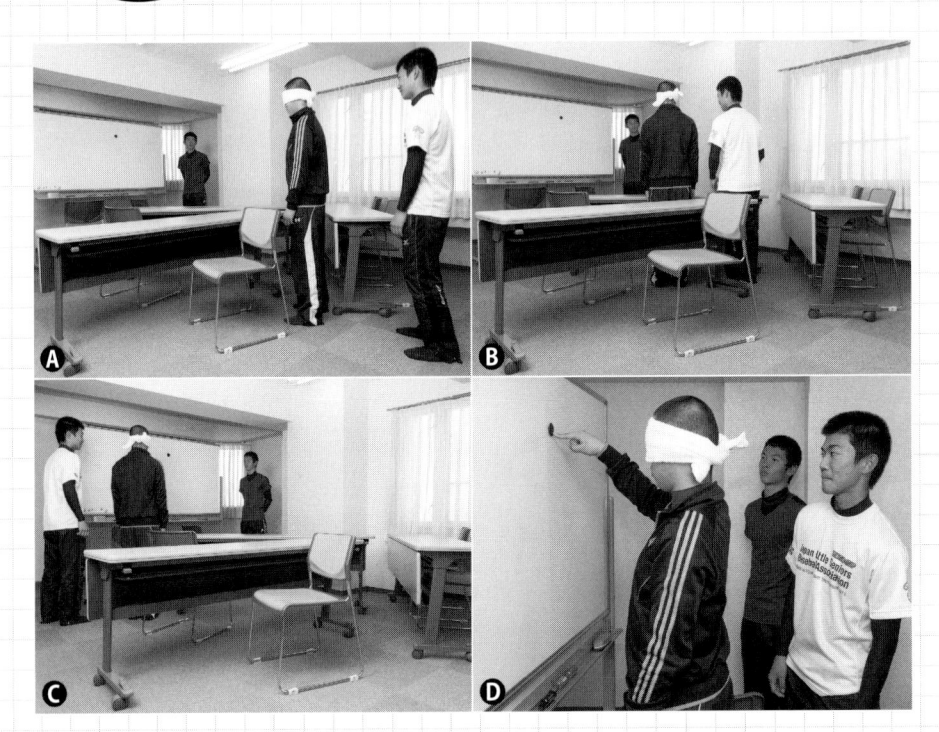

目かくしした人に指示をしながらゴールまで導く

メニューの設定

- ◎人数：**3人**　◎場所：**教室**　◎時間の目安：**15分**
- ◎道具：**目かくし、ホワイトボード、机、イスなど**

第5章 状況対応力を磨く

メニューのねらい

目かくしをして歩くことで、的確な指示の必要性を体感する

メニューの手順

❶3人で1グループとします。ウォーカー、指示者、観察者を決めます。
❷ホワイトボードにゴールとなる点をつけます。
❸ウォーカーは目かくしをして教室の後ろからスタートし、指示者の指示に従ってゴールを目ざします。観察者は2人のやりとりをチェックします（写真❹～❻）。→観察者は一緒に移動しても、見やすい場所で立っていてもよい。
❹ウォーカーがゴールとなる点のところまで移動して、最終的に指で点にタッチしたら終了です（写真❶）。
❺終わったらウォーカーが感想を述べ、観察者がウォーカーと指示者の動きについて総括します。
❻3人がすべての役割を体験するようにローテーションします。

メニューの解説

　スポーツでは、瞬間的な指示が非常に重要になる場面がありますが、このメニューでは「曖昧な指示では行動するのが難しい」ということを体感します。
　教室内には机や教壇などがあるので、的確な指示がないと目かくしをしてゴールするのは困難です。「ちょっと右」と指示しても、「ちょっと」の感覚は人によって違うので「あと10センチ右」のようにわかりやすい指示が必要になります。
　また、相手の動きを見ながら「少し動きが小さくなっている」とか「大股で2歩」のような、より具体的な指示を心がけることも重要になります。
　メニュー終了時には、実際に目かくしをして歩いてみて指示者の指示のどこが良くてどこが悪かったか、観察者から見て2人の感覚のズレがどんなところに感じられたかなどを話し合います。

Point & Advice ･･･▶ 注意すべき点とアドバイス

- 観察者は、指示者の出す指示が的確かどうかをチェックします。
- 役割を交替するごとに、机などのレイアウトを変更してもいいでしょう。
- 場所は、教室でなく外でも実践可能です（危険な場所は避ける）。

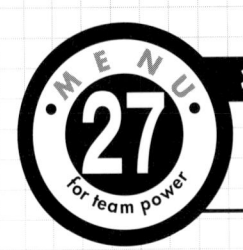

MENU 27 for team power

状況対応力を磨くメニュー ❸

ショートストーリー伝言ゲーム

> 桃から生まれた桃太郎は、村長さんに言われてしかたなく、新潟県にある鬼ヶ島に鬼退治に行きました。1人では心細いので、犬に6個、猫に5個、鴨に3個の大福を与えてお伴にしました。激闘の末、赤鬼、黒鬼、緑鬼を退治しましたが、黄鬼には逃げられてしまいました。そして悲しいことに、猫だけはみんなと一緒に帰って来ることができませんでした。

（ 前の人から聞いた話を次の人に伝えていく ）

メニューの設定

- ◎人数：**5〜7人** ◎場所：**部室・教室** ◎時間の目安：**15〜20分**
- ◎道具：**ショートストーリー（150〜200字）、その拡大コピー**

第5章　状況対応力を磨く

👍 メニューのねらい

話の要点を的確に把握して、次の人に間違いのないように伝える

👍 メニューの手順

❶5〜7人で1グループとします。
❷順番を決めます。
❸グループ以外の人（コーチなど）が1番目の人に用意しておいたショートストーリーを読みます（左の例参照）。1番目の人はその内容を2番目の人に伝えます。→他の人に聞こえないようにする（写真参照）。
❹2番目の人は、伝えられた内容を3番目の人に伝えます。
❺同様にして順番どおりに伝えていき、最後の人が発表します。
❻ショートストーリーの拡大コピーをみんなに見せて、それが順番を追うごとにどのように変化していったかを検証します。

👍 メニューの解説

　スポーツの現場では、「大切なこと」を状況に応じて瞬間的かつ正確に伝えなければならない場面が数多くあります。また、試合や練習以外でも、何かを伝達しなければならないことは頻繁に起こります。このメニューは、その能力を鍛えるためのトレーニングです。
　ポイントになるのは、「誰が＝Who」「何を＝What」「いつ＝When」「どこで＝Where」「なぜ＝Why」「どのように＝How」したのかのいわゆる"5W1H"で、そのほかに数字や順番などが重要になります。
　この能力はスポーツに限らず、日常生活のあらゆる場面で求められるものですが、一朝一夕で身につくものではありません。日頃から意識して対処することが重要です。

Point & Advice ‥‥▶ 注意すべき点とアドバイス

　◉ショートストーリーは、昔話などをアレンジするとつくりやすいでしょう。
　◉このメニューは、単発ではなく定期的に行うようにすると効果的です。

MENU 28 感覚ヒントゲーム

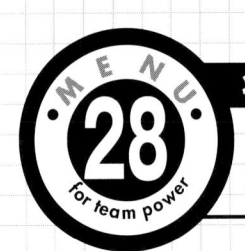

状況対応力を磨くメニュー ❹

ヒントから瞬間的に連想して答を出す

メニューの設定

◎人数：**6人**　◎場所：**部室・教室**　◎時間の目安：**5分**
◎道具：**紙、筆記用具（マジックなど）**

第5章 状況対応力を磨く

👍 メニューのねらい

ある言葉から瞬間的に連想する力、特定のものを連想させるための的確なヒントを出す力を養う

👍 メニューの手順

❶6人で1グループとします。1人は回答者、5人は「お題」を決めヒントを出す人です。
❷5人でお題を決めて紙に書き、回答者に見えないようにみんなに見せます(写真❹)。
❸ヒントを出す順番を決め、1番から順に回答者に向かってヒントを出していきます（1人1つのみ・写真❺）。→Point& Advice 参照
❹回答者はヒントから連想した答を言います。当たったところで終了です(写真❻)。→5番目までに当たらないときは1番に戻る。

👍 メニューの解説

　スポーツの現場では瞬間的にいろいろな言葉が飛び交いますが、その言葉で相手が何を伝えようとしているのかをつかむことはとても重要です。
　このメニューでは、回答者の連想力がポイントとなりますが、ヒントの善し悪しが回答者の答えを大きく左右するということも見逃せません。
　ゲームをする6人以外の人もただ観ているだけでなく、ゲームに参加しながら、ある言葉から瞬間的に連想するトレーニング、答えに導くために的確なヒントを出すトレーニングをします。
　また、6人のやりとりを見ながら、誰がどんな感覚をもっているかをつかんでおくことも、プレーをするうえで役立つでしょう。

Point & Advice ･･･▶ 注意すべき点とアドバイス

- ①答が漢字の場合、その漢字と1字でも重なるヒント、②正解と同じ意味の言葉でのヒント、③1語でないヒントなどはルール違反とします。
- お題を自分たちが取り組んでいるスポーツ(競技)に関連するものに限定する、ヒントを「わんわん」「がらがら」などの擬声語・擬音語や、「ぐずぐず」などの擬態語にするなどのバリエーションも考えられます。例）お題=タックル、ヒント=がっつんがっつん

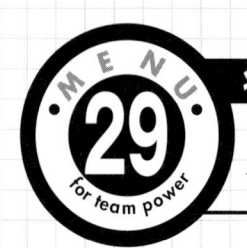

状況対応力を磨くメニュー ❺
ボール積み上げゲーム

チームを組んで
テニスボールで山を築く

メニューの設定
- ◎人数：**5〜7人**　◎場所：**体育館・グラウンド**
- ◎時間の目安：**5分**　◎道具：**テニスボール**

第5章 状況対応力を磨く

👍 メニューのねらい

限られた時間の中で、状況に応じた適切な役割分担をし、作業する

👍 メニューの手順

❶5～7人で1グループとします。
❷作業をする場所から1～2メートル離れた場所にテニスボールを置きます。
❸合図と同時にテニスボールでピラミッドを築きます。→ピラミッドは、頂点にボールが1つ載っている場合のみ有効(写真❹)。それ以外は未完成とする。
❹時間内に一番大きなピラミッドを築いたチームの勝ちです。

👍 メニューの解説

　スポーツの現場では、ある限られた状況の中で瞬時に何が必要かを判断して、臨機応変に対応する能力が求められます。このメニューはそれを試すためのものです。
　手順は上記のとおりですが、2回行うようにします。1回目は手順のみを説明して実施します。人数が多いだけに多少の混乱をきたし、大きなピラミッドをつくろうと裾野を広げすぎて、結局頂点まで積み上げられないというケースが起こります。
　1回目が終わったところで作戦タイムを取ります。実際にトライした反省から、作業をスムーズに行うためには役割分担をすることが必要だと気づき、タイム(時計)係、ボール運び係、ピラミッド係などを設定するようになります(写真❸)。
　2回目のトライは、1回目に比べてかなりスムーズにいきますが、それでも反省点や改善点があるものです。
　2回目が終わったところで、各グループでそのことについて話し合い、さらに各グループの代表者がみんなの前で発表するといいでしょう。

Point & Advice ┄▶ 注意すべき点とアドバイス

●的確な役割分担ができたか、状況に応じた作業ができたかをチェックします。

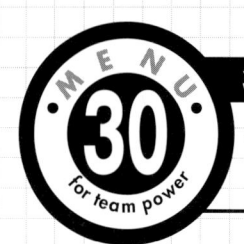

MENU 30 for team power

状況対応力を磨くメニュー ❻

ひも引きゲーム

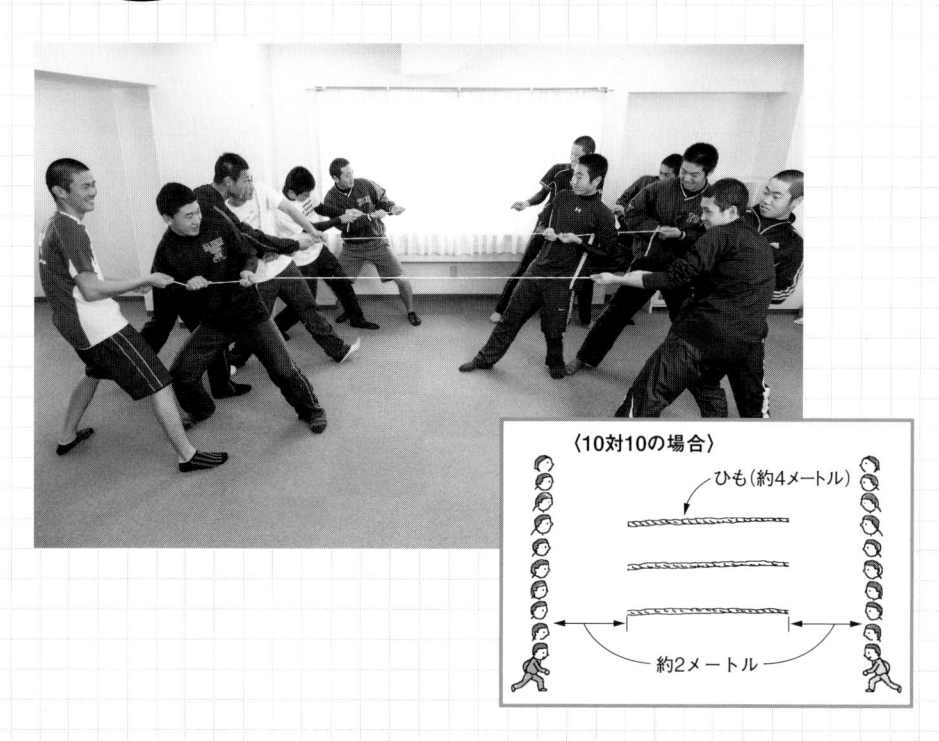

〈10対10の場合〉
ひも（約4メートル）
約2メートル

作戦を立てて 3本中2本のひもを奪い合う

メニューの設定

◎人数：**12〜20人**　◎場所：**体育館・グラウンド**　◎時間の目安：**6〜8分**
◎道具：**ひも（太めの荷造り用ビニールロープ約3〜4メートル）**

第5章 状況対応力を磨く

👍 メニューのねらい

状況に合わせてチームとして臨機応変な対応をする

👍 メニューの手順

❶6～10人で1グループとし、グループ同士で対戦します。
❷グループ同士は横並びで向かい合い、その間に2メートルほどの距離をあけて3本のひもを置きます（イラスト参照）。
❸合図と同時に3本のひもを奪い合い、2本を獲得したほうが勝ちであると伝えます。
❹作戦タイム（3分ほど）を設けます。
❺合図と同時にゲームを開始します。
❻どちらかのチームが2本獲得したところでゲーム終了です。

👍 メニューの解説

　作戦としてはいろいろなことが考えられます。例えば10人ずつで対戦する場合、①明らかに力のある2人に1本を任せて、残りの2本に4人ずつ配する、②3本のうち2本を獲れば勝ちなので、1本は捨てて2本に5人ずつ配する、③いくつかのパターンを考えておいて、相手の出方を見てからどれにするかを決めるなどです。
　問題は、作戦を立てているのは自分のチームだけでなく、相手も同じように知恵を絞っているということです。したがって、いざスタートしてみたら作戦どおりにいかず、あたふたしているうちに終わってしまったということも充分にあり得ます。
　このメニューでは、目の前で起こっている状況に対して的確な判断を下して、組織としての対応ができるかどうかを試します。
　1回目の対戦が終わったところでもう1度作戦タイムを設けて、2回目のトライをしてみましょう。

Point & **A**dvice ⋯▶ 注意すべき点とアドバイス

●状況に応じて適切な判断・行動・対応ができたかどうかをチェックします。
●ひもによっては手を痛める可能性があるので、適宜手袋を用意してください。

MENU 31 加減乗除ゲーム

状況対応力を磨くメニュー ❼

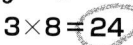

1

2

3

3×8＝24　　2×9+6＝24　　3×6+2+4＝24

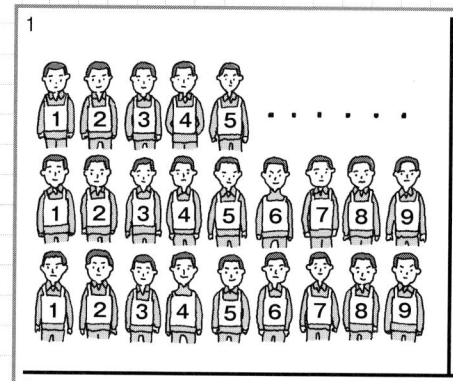

（ ＋－×÷を自由に用いて
答の数字をつくり上げる ）

メニューの設定

◎人数：**全員**　◎場所：**体育館・グラウンド**　◎時間の目安：**3〜5分**
◎道具：**ゼッケン**（なければ手づくりのものでよい）

第5章 状況対応力を磨く

👍 メニューのねらい

変化する状況の中で的確に判断し行動する

👍 メニューの手順

❶全員に1人1つずつ1桁の数字を割り振り、ゼッケンをつけます。→1から順に割り振っていき、9までいったら1に戻る（イラスト1）。
❷コーチが10から50までの中から1つの数字を選び、それをみんなに告げます（イラスト2）。
❸＋－×÷を自由に使って、言われた数字を導き出すことができるグループをつくります。
　→例えば「24」であれば、3×8、4×6、2×9＋6、2×3×4、3×6＋2＋4、3×5＋1＋2＋6、2＋3＋4＋4＋5＋6（4が2人いる場合）のどれでも正解（イラスト3）。
❹できたグループから順に座ります。
❺残っている人（立っている人）は、その中から課題の数字をつくります。
❻時間になったら終了として、答え合わせをします。→どんな計算式になったか、グループごとに発表する。

👍 メニューの解説

　これは状況対応力を試すメニューです。
　例えば課題が「24」の場合、まず思いつくのは3×8か4×6でしょう。3の人と8の人、あるいは4の人と6の人が組み合わされば正解となりますが、それ以外の人は別の答えを考えなければなりません（Point& Advice参照）。
　残された数字に＋－×÷を絡めて、いかに答をつくるかが試されるわけですが、＋－×÷を自由に使っていいので、上記❸の例のように何通りもの組み合わせが考えられます。このことに早く気づいて、柔軟な対応をすることができるかどうかが大きなポイントになります。

Point & Advice ···▶ 注意すべき点とアドバイス

◉同じ数字のゼッケンをつけた人が複数いる場合には、同じ答えであっても構いません。→3の人と8の人が2人ずついるときは、3×8という答が2組あってもOK。

COLUMN
─⑤─
「練習」について思うこと

　練習時間は、長ければ長いほどいいというわけではない。だらだらと長時間練習するより、集中して短時間で済ますほうが、心身の疲労を最小限に抑えることができる。
　そして、工夫して短縮化していく中で、必然的に練習の意味や質、効率についても考えるようになる。

＊

　食事は「栄養のあるものをおいしく腹八分で」がいいという。練習も同じように「質の高い練習を楽しんで腹八分」が理想的ではないだろうか。
　もちろん難しい面は多々あるが、練習が苦痛ではなく楽しみになるように、その意味や在り方を考えなくてはならない。時間の縛りだけで「練習をした」という満足感を感じるのは、あまりに非効率的な気がしてならない。

＊

　休憩の大切さが言われている一方で、スポーツ現場ではどうしても「休むこと＝さぼり、甘え」という感覚が拭い去れないように感じる。
　休憩は停止ではなく、次へのエネルギーを蓄え、万全の準備をするために必要なもの。練習が出力なら休憩は入力。このバランスを保つことはとても大切だ。出力ばかりだと心身は枯渇する。

　　　　　　　　　＊

　練習に対する満腹感がチーム内に浸透すると、マンネリや集団的疲労感を生み出すことになる。
　練習するということが日々の生活の中に定着するのはいいことだが、練習内容や練習に取り組む意識までルーティーン化してはいけない。ここを明確に区別しておかないと、練習が単なる惰性的習慣の連続になってしまう。

　　　　　　　　　＊

　練習のルーティーン化は、選手の意識レベルや練習の質を低下させる。これを防ぐためには、好奇心や探求心をつねにもてるようにする必要がある。

　　　　　　　　　＊

　練習は勉強と同じで予習、復習が大切。練習時間だけが練習では

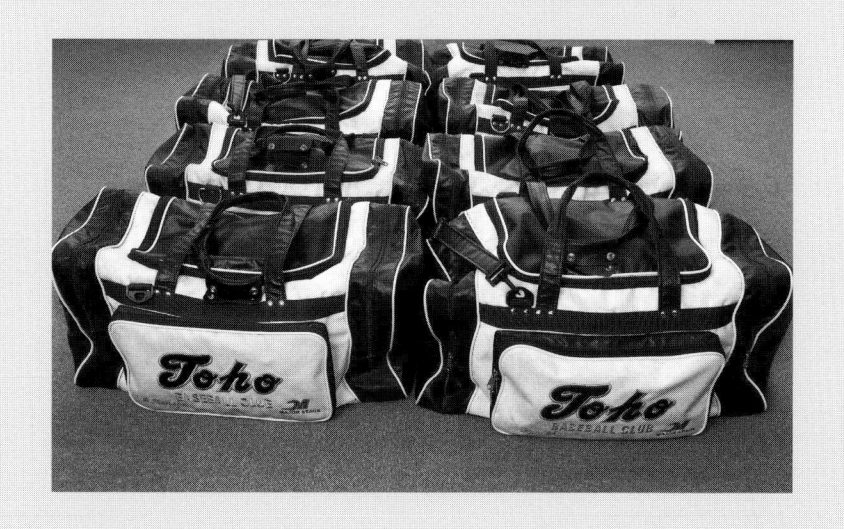

ない。Plan＝プラン（計画）、Do＝ドゥー（実行）、See＝シー（評価）を丁寧に繰り返していく中で、初めて練習効率は高くなる。
　課題も反省もない練習は、ただ「練習をした」というに過ぎない。予習、復習とは頭を使って考えること。考えて物事に取り組まなければ、単なる行き当たりバッタリになってしまう。
　スポーツであれ勉強であれ、グングン上達していく人は、人知れず地道に準備を積み重ねている。限られた練習時間を最大限に活かさなくては、なかなか上達には結びつかないのだ。

＊

　課題をもって練習に取り組めば、必然的にその質は高くなる。成果とは質×量。質がマイナスであれば、いくら量をこなしてもマイナスが大きくなるばかりだ。これでは流した汗はムダになる。
　反対に質がプラスで、かつそれが高ければ高いほど、得られる成果は量の多さに比例して大きくなる。
　質は頭を使い、量は身体を使う。そのどちらも活用できなければ成果は上がらない。流した汗を成果へつなげていけるかどうかは、どれだけ頭を使って質を高めていけるかにかかっている。

第6章
チームプレーを意識する

How to improve team power

Team power

チームが1つになるために必要なこと

　日常生活でもスポーツでも「雰囲気」はとても大切です。回りの人に話しかけたくなる雰囲気、動き出したくなる雰囲気、競技を好きになれる雰囲気……。チームの雰囲気がすばらしければ、選手は言われなくても自ら率先して練習したくなるでしょう。

　雰囲気とはとらえどころのないものですが、みんなをある方向に導いていく際には、たいへん重要な役割を果たすものです。

　そして、この雰囲気とは変化していくものでもあります。和やかな雰囲気の中で話をしていたのに、突然誰かの発言によって険悪な空気に変わったり、逆にとげとげしさが充満していたのに、ある行動によって雰囲気が一転したり……。こうしたことから、雰囲気とはある程度コントロールできるものであるともいえます。

　雰囲気は何によってつくられているのでしょうか。それは、その場にいる人の心理状態、心の動きによると考えられます。あるチームの雰囲気がどんなものであるかを決めるのは、チームを構成する全員ということです。

良い雰囲気をつくるためにするべきこと

　チームプレーが重要なことは今さら言うまでもありませんが、このチームプレーはチームの雰囲気によって大きく左右されます。誰だって、暗くて険悪な雰囲気の中で「みんなのためにチームプレーを大切にしよ

う」とは思わないでしょう。

　では、良い雰囲気をつくり出すためにはどうしたらいいでしょうか。

　まずはコーチの指導法です。これについては語り出したらキリがないので「人間は感情の動物であるということをつねに意識する必要がある」というに留めておきます。

　次はキャプテンのあり方です。よく「キャプテンシー」という言葉を使いますが、これは自分の思いどおりに人を動かすことではありません。チームメイトが自分の実力を出し切ることができる環境を整えながら、チームを1つの目標に向かって導いていくことです。

　ときには自分の色を強く出してチームを引っぱり、ときには自分を抑えて脇役に徹する。

　もちろんキャプテンとしての自覚や意思の強さは必要で、それが大き

❖ チームプレーが自然に生まれるようにするためには、まずチームの雰囲気を良くする必要がある

Team power

な推進力にもなりますが、ハンドリングを間違うとコントロールがきかなくなり、暴走してしまうこともあります。この辺のバランス感覚がポイントになります。

では、選手それぞれについてはどうでしょうか。よく「今日はめちゃくちゃ調子がいい」とか「最悪のスランプだ」という言葉を聞きますが、技術面、体調面、メンタル面を含めて、誰にでも調子の波は当然あるものです。

ときにイライラしたり焦ったりすることもあるでしょうが、大切なのは「とにかくそのとき自分ができる最大限のことをしよう」と意識することです。

調子がいいならいいなりに、悪いなら悪いなりに現状でのベストを尽くすこと。この姿勢が良い雰囲気に、そしてチームプレーへとつながっていきます。

❖ チームプレーを意識するメニューの例：ストーリーをつなげ！（132頁）

チームプレーに必要な「ミスについての考え方」

　チームプレーとは、文字どおり「チームで1つになってプレーをすること」ですが、きちんと考えてほしいことがあります。それは「ミスについて」です。

　大きな試合になればなるほど緊張しますし、「もし自分のミスで負けたらどうしよう」と考えたらプレッシャーはどんどん膨らんでいきます。

　これはある程度しかたないとして、問題はミスをしてしまった後です。「チームに迷惑をかけてしまった」と落ち込んで気持ちの切り替えができず、さらに大きなミスを連続して起こしてしまう……。

　こんな事態に陥らないためには、チーム内に「積極的なプレーをしたうえでのミスはしかたがない。次で取り戻そう」という雰囲気をつくっておくことです。

　誰でも、ミスをしようと思ってするわけではありません。やる気満々で、チームのためになろうと積極的にしたプレーであってもミスは起こります。

　そのとき「何をやっているんだ！」と責められたとしたら、気持ちのもって行き場所がなくなってしまいます。これだけは避けなければなりません。だからこそ、チームがつねに攻めの姿勢でいられるような雰囲気をつくっておくのです。

　マイナス思考からはマイナスの結果しか生まれません。そのことを肝に銘じておいてください。

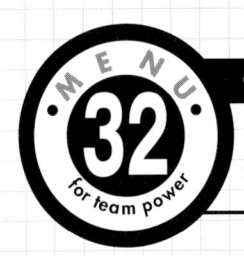

MENU 32 for team power

チームプレーを意識するメニュー ❶

家族ごっこ

(仮想家族の中で自分の役割を演じる)

メニューの設定

◎人数：**4人**　◎場所：**部室・教室**　◎時間の目安：**15分**
◎道具：**とくに必要ない**

第6章 チームプレーを意識する

👍 メニューのねらい

お互いの立場を理解したうえでまとめ役を務める

👍 メニューの手順

❶4人で1グループとします。
❷父、母、兄(姉)、弟(妹)役を決めます。→兄、姉、弟、妹は好きなように決めてよい。
❸テーマを決めて、それについて家族で話し合います(それぞれの役を演じます)。→兄(姉)、弟(妹)を話の切り出し役にする。例：家族で食事に行くことにしたが、兄は寿司がいいと言い、弟は中華料理がいいと言う。お互いに譲る気配がないが、どうしたらいいか？
❹父、母は全員が納得する方向に導きます。
❺全員が父役、母役になるようにローテーションします。

👍 メニューの解説

　家族はある面から見ると、それを構成するそれぞれの人が自分の役割を果たしながら、チームとしてのまとまりを保っています。その中心となるのが父、母の存在です。父はつねにデンと構えて最後に判断を下し、母は家族みんなのことに気を配るというイメージがありますが、これはキャプテンと副キャプテンの立場と似ています。

　日々の活動の中でトラブルが起こったとき、解決に必要となるのが父や母の立場に立ったものの考え方です。

　このメニューでは、4人家族の父、母の役を演じることでそれぞれの重要さ、難しさを学びますが、チームワークを良くするためには「相手の立場に立って考える」ことがいかに大切かも理解することができます。

　父役、母役を演じながら「自分はキャプテンに向くのではないか」「むしろサポート役のほうがしっくりくる」といった発見をすることがあるかもしれません。

Point & Advice ···▶ 注意すべき点とアドバイス

　●バリエーションとして、祖父(祖母)役などを加えてみてもいいでしょう。

MENU 33 チームプレーを意識するメニュー❷
ストーリーをつなげ！

数人で話をつなぎ ストーリーを完結させる

メニューの設定

- ◎人数：**5～7人**　◎場所：**部室・教室**　◎時間の目安：**10～15分**
- ◎道具：**ホワイトボード**

第6章 チームプレーを意識する

👍 メニューのねらい

全体の流れをとらえたうえで、後につづく人のことまで配慮する

👍 メニューの手順

① 5～7人で1グループとします。
② 順番を決めます。
③ 1番の人が、ボードに話を書きます（1～2センテンス）。
④ それを受けて、2番目の人も話を書きます。
⑤ 同様にして、最後の人まで話をつづけていきます。
⑥ 最後の人は、話を完結させます（オチをつける）。
⑦ できあがったストーリーを見ながら、話の展開のしかた、良かった点、悪かった点などについて全員で話し合います。

👍 メニューの解説

　ただ自分の思いつきを記すだけでは、面白いストーリーをつくることはできません。それまでの流れをつかんだうえで、次の人のことも考えて話をつなぐことが重要です。
　そうしないと、自分のところでブレーキがかかって、話の展開のしようがないということになります。最後までのストーリーの流れを意識しつつ自分の順番を待つことができれば、自然に良いセンテンスが浮かんでくるでしょう。
　スポーツの現場でも、ある状況において「今、自分は何をするべきなのか」を判断しなければならないことは頻繁にあります。そのとき的確な行動をとれるのは、冷静に流れを読むことができ、チームのために必要なのは何かをつねに意識している人です。このメニューは、その感覚を試し、トレーニングするためのものです。

Point & Advice ▶ 注意すべき点とアドバイス

● チーム対抗にして、点数を競っても面白いでしょう。

MENU 34 — きれいな円を描こう

チームプレーを意識するメニュー ❸

数人で1つの円を なるべくきれいに描く

メニューの設定

◎人数：**5〜7人**　◎場所：**部室・教室**　◎時間の目安：**2〜3分**
◎道具：**ホワイトボード**

第6章 チームプレーを意識する

👍 メニューのねらい

チームで1つのイメージを共有したうえで自分の役割を果たす

👍 メニューの手順

① 5〜7人で1グループとします。
② 順番を決めます。
③ 1番の人から順番にリレーしながら、ホワイトボードにフリーハンドで「なるべく大きくてきれいな円」を1つ描きます（写真❹〜❻）。→相談は不可。
④ 全員で、描かれた円の採点をします（10点満点）。

👍 メニューの解説

フリーハンドで円を描くのはなかなか難しいものです。紙の上に小さな円を描くのであればそれほどでもありませんが、ホワイトボードに「なるべく大きくてきれいな円を」となると俄然難易度が上がってきます。「自分1人でなく数人で描く」となればなおさらです。
このメニューでは、時間内に"チーム全員で大きくてきれいな円を描く"ことを競いますが、そのためには
・1番目の人が描いたところで、どんな円になるかをイメージする
・そのイメージの延長線上で自分のパートを描く
ことが必要になります。
紙の上に「自分1人で」ということであれば一気に描くこともできますが、数人で描くとなるとそれもできません。そこで重要になるのが共通のイメージです。
1番目の人が描き出したときから「どんな円になるのか」を想像し、チーム全員でそれを共有しながらイメージどおりに自分の役割を果たすことが良い結果に結びつくのです。

Point & Advice ···▶ 注意すべき点とアドバイス

● ただ自分のパートをこなせばいいという意識では円は歪んでしまいます。
● グラウンドに棒で円を描くようにしても面白いでしょう。

MENU 35 みんなでボール回し

チームプレーを意識するメニュー ❹

リズムに合わせて数人でボール回しをする

メニューの設定

- ◎人数：**6～10人**　◎場所：**体育館・グラウンド**　◎時間の目安：**3分**
- ◎道具：**テニスボール**

第6章　チームプレーを意識する

👍 メニューのねらい

呼吸を合わせて全員で同じ動作をすることで「一体感」を感じる

👍 メニューの手順

❶6～10人で円形になり、1人1つずつテニスボールをもちます。
❷全員が同時に軽くひざを曲げ、元に戻るようにひざを伸ばしながら右隣の人にボールをパスします。
❸全員が同時にパスされたボールを受け取り、❷と同様に軽くひざを曲げ伸ばししながら、右隣の人にボールをパスします。→左手でキャッチして、右手にもちかえてパスする。
❹❷、❸を繰り返します。
❺コーチの合図があったら、これまでとは逆に左隣の人にパスします。
❻以下、同様にして合図に従って「右回し」「左回し」を繰り返します。

👍 メニューの解説

　円形になって、ただボールを回すだけのメニューですが、全員のボールをパスするタイミング、受け取るタイミングが合わないと長くつづけることはできません。また、隣の人が取りやすい位置に投げることも意識する必要があります。誰かがリズムをくずしてしまったり、相手が捕れないようなパスをしたら、チームとしての動きはそこでストップしてしまいます。
　このメニューは、スポーツで非常に重要な「チーム全員の呼吸（リズム）を合わせる」ことをトレーニングします。たとえ単純な動作であっても、呼吸を合わせ、同じリズムを刻みながら長くその動きをつづけることができると、自然に「一体感」が生まれてきます。
　一体感を得るためには、自分を中心に考えるのではなく、自分を相手や全体に合わせていくという意識が重要になります。

Point & **A**dvice ⋯▶ 注意すべき点とアドバイス

- ひざの曲げ伸ばしでリズムをとるようにします。
- タイミングを合わせるために掛け声をかけても構いません。
- チーム対抗にして、3分間で何回パスできるかを競ってもいいでしょう。

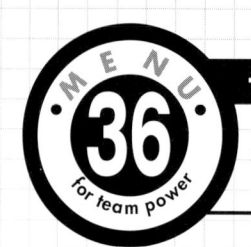

MENU 36 for team power

チームプレーを意識するメニュー ❺

チームプレーのMVP

1
自チームのプレーを相手目線で見ていく
相手目線　相手目線

2

3
なぜ、この場面で止めたかわかるか？

4
チームプレーのMVPは○○だ

相手チームの目線で自分のチームをチェックする

メニューの設定

◎人数：**全員**　◎場所：**ビデオを再生できる部屋**　◎時間の目安：**適宜**
◎道具：**ビデオデッキ、ビデオ**

第6章 チームプレーを意識する

👍 メニューのねらい

数字には現れにくい「チームに貢献するプレー」を強く意識する

👍 メニューの手順

❶自チームが勝った試合のビデオを用意します。
❷自分たちが相手チームになったつもりで（相手の目線で）、試合展開を追っていきます（イラスト1）。
❸チームに貢献していると思われるプレー・動作があったらビデオを止め（イラスト2）、なぜそれが「貢献度大」であるかを話し合います（イラスト3）。
❹見終わったら「チームプレーのMVP」を決定します（イラスト4）。

👍 メニューの解説

　自チームの試合のビデオをチェックすることは頻繁にあるでしょう。その場合「ここで盗塁を決めたのが大きかった」「走り込んでくるタイミングがよかったからシュートにつながった」など、個々の完結したプレーを検証することが主になります。
　一方、相手目線で試合の流れを追っていくと、自チームのいやらしさや、どんなプレー・動きが相手にとってプレッシャーになったのかなどがよくわかります。
　例えば、野球の場合であれば、ランナーのリードのしかたがピッチャーのリズムを狂わせた、守備位置を1歩前にしたことがバッターの心理に影響した、キャッチャーの指示を出すタイミングが絶妙だったなど、数字には現れない「試合の行方を大きく左右するプレー」が見えるようになります。
　試合には流れがあり、その流れは個々のプレーによってつくられています。隠れたファインプレーを評価することでチームに貢献することの意義を知り、そのようなプレーの連続性が試合を決めることにつながるという意識をもつことは非常に大切です。

Point & Advice ⋯▶ 注意すべき点とアドバイス

● 流れを変える「ビッグプレー」も、そのいくつか前のプレーが伏線になっている場合があります。プレーとプレーの関係性に注目しましょう。

COLUMN -❻-
「チームワーク」について思うこと

　チーム全員が誰かの苦しみを自分のこととして感じられれば、チームワークは強くなっていく。
　相手の立場に立って物事を感じたり考えたりする力はとても大切だ。個の損得を超えて、仲間を感じる力が必要になる。

*

　「自分のことだけをやっていればいい」というのでは、仲間の苦しみを買って出ようという意識は生まれない。
　「自分はやるべきことをやっているのだから文句はないだろう」という考え方からは何も生まれてこない。

*

　仲間の苦しみを自分の苦しみに置き換えて考えることができるかどうかで、チームワークには大きな差が生じる。
　仲間のプレーをフォローしたりカバーリングしたりするのは、本来そんな意識からこそ生まれてくるものだ。

*

　個人個人の小さな「プラスα」が集結すれば、ときには仲間の苦境を助けることができる。いつでも仲間を感じられる力。ふだんからこの感性を磨いていくことが、チームワークを強くする近道といえる。

＊

　とりあえず形だけはやったという中途半端なフォローやカバーリングは、意味がないどころか2次的なミスを招きかねない。
　そうなると、お互いに「余計なことをしやがって」という責め合いの気持ちが芽生えてくる。

＊

　すぐれたカバーリングができる選手の心には、つねに2人の選手がいる。自分と仲間の2人だ。
　心の中で対話を繰り返して、相手が何を求めているかをつねに意識する。そして状況によっては、自分自身のプレーよりも仲間のフォローを優先する。

＊

　チームスポーツの目的は、あくまでもチームの勝利だ。もちろん、

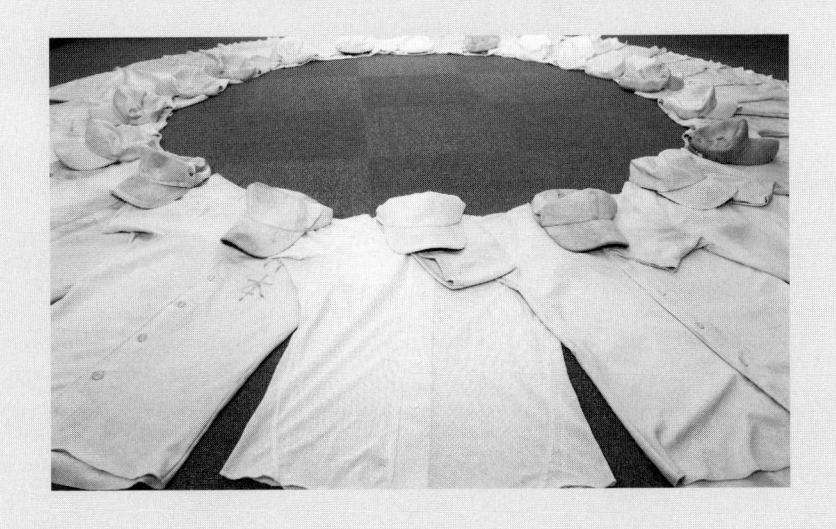

自分が最高のプレーをすることも大切だが、チームを最大限に機能させるフォロープレーや危機を最小限に抑えるカバーリングは、ときに一番大事なプレーになる。

＊

　チームワークは単なる決め事で成立するものではない。そこには仲間を大切に思う気持ちがなければならない。
　カバーしたから、フォローしたからいいのではなく、それが生きたプレーにならなくてはチームワークとは呼べない。

＊

　いくら仲間を助けたいと思っても、自分に余裕がなければ実行することはできない。自分のやるべきプレーをしてなお、相手を助けられるだけの余裕がもてるように、日々の練習をこなしていかなくてはならない。

＊

　フォローやカバーリングをスムーズにするためには、仲間のことをよく知っておく必要がある。仲間がどんなプレーをしようとしているのか、どんなときにミスをするのか、日々の練習の中でよく観察しておく。
　それが、「いざ！」というときの予測能力につながる。

＊

　仲間がこんなプレーをしそうだから、自分はそれを補うために準備だけはしておこうと考える。そうしたことが積み重なって、真のチームプレーが完成する。

あとがき

「チームの和」という言葉をよく耳にしますが、昔に比べるとその和が稀薄になっていると感じます。
　これはあくまでも私の感想ですが、今の子供たちは
- 我は強いけれど精神的には弱く
- 自分中心に物事を考えるわりには、やたらに回りの目や評価を気にする

というアンバランスさを内面に秘めているように感じます。
　一言でいえば「チームのまとまりやチームワークについてあまり意識したことがなく、どちらかというと自己中心的なプレーをする傾向がある」ということです。
　しかし、いうまでもなくチームワークやチームプレーは大切なものです。少なくとも私は、スポーツにおける「チーム力」を非常に重要なものであると位置づけています。
　本書は、そんな現代の子供たちが「どうしたらチーム力を重視したチームづくりをすることができるのか」を考えるところから出発しました。

　これまで私は、スポーツ心理やコーチングに関する本を多数出版してきましたが、コーチングという言葉が一般の人にも浸透している現在、さらにチームづくりをするにあたっての心構えややり方を解説しても、読者には「またか」という反応しか得られないと考えました。
　そして、能書きを述べるよりも、実際にすぐに現場で使うことができるドリルのようなものが求められていることに思い至りました。という

のは、部活動を担当するコーチのほとんどは学校の先生で、授業と部活動、あるいはその他の仕事が山のようにあって疲労困憊しており、新たな練習メニューを考える時間がないのが現実だからです。

　チーム力をアップさせるためのドリル的なメニューを紹介した本。方向性は決まりましたが、次に考えたのはどのような内容のメニューにするかです。

　学生レベルといっても、それぞれのスポーツでかなり考えられた練習メニューが用意されていますし、しかるべき練習方針のもとに、長いスパンでプランが組まれています。そこにもってきて同じようなテイストのメニューを用意したとしても、あまり役に立つとは思えません。

　そこで、ふだんの練習とは少し毛色の違った、どちらかといえばゲーム感覚で楽しめるものがいいのではないかと考えました。短時間でできて、みんなが盛り上がるようなもの。それでいてチーム力アップにつながる要素をもったもの。これを軸にメニューを考えることにしました。

　これまでにも同じようなメニューを考えて、実際に現場でも使っていましたが、本1冊になるほどの量はなかったので、メニュー数40を目標にしました。

　メニューを考えるにあたって一番苦労したのは、みんなで何かゲーム的なことをすれば確固としたチームづくりが進むわけではないという点です。

　目的は「ゲーム的なことをして楽しむ」ではありません。それでは本末転倒になってしまいます。

　各自がやる気をもってコミュニケーションを図り、お互いに理解し合って信頼関係を築くこと。そして、チームプレーの重要さを認識するとともに、実戦で役立つ対応力も身につける。これがメニューの目的です。

　今述べた「モチベーション」「コミュニケーション」「相互理解」「信

頼関係」「状況対応力」「チームプレー」は本書を構成する柱ですが、これらはチームとしても個人としても必要になる力です。

これを身につけてもらいたいという明確なねらいがあり、それを踏まえたうえでいつもの練習やミーティングとは少し目線を変えたゲーム性のある楽しいメニューを考えなくてはなりません。言葉でいうのは簡単ですが、実際にやってみると思った以上に難しく、文字どおり産みの苦しみを経験しました。

思いついたアイデアや発想を元に具体化する→目的に適っているか検証する→修正すべき点は直す。修正できないものは没にする→もう一度検証する……という作業を繰り返しながら、目標のメニュー数40に近づいていきました。

その際、客観的な視点からいろいろなアイデアやアドバイスをいただいたメンタルトレーナーの八ッ橋賀子氏には本当に感謝しています。また、編集を担当していただいた中村氏・小口氏には、メニューに関して時に温かく、時に厳しい意見をいただきました。

本書はこのような形で、さまざまな人々の力が結集された、いわばチーム力でつくり上げた1冊です。

最後に、撮影にご協力いただいた桐朋高校野球部の田中隆文監督の言葉を紹介します。

――勝つチームというのはもちろんだが、気持ちいいチームをつくりたい――

この"気持ちいい"という一語の中にはたくさんのことが凝縮されています。

現代の子供たちは「醒めている」といわれますが、私はそうは思いません。心の奥底では何かを強く求めているように感じます。それをストレートに表面に出すと、回りから「あいつは熱くてうざい」「いつもマ

ジでやりにくい」などといわれるために、自分をごまかして醒めたふりをしているだけのような気がします。

　相手の情熱、本気さ、真剣さを否定することで、自分自身を肯定する、いや、肯定しているつもりになっている……。そこからは何も生まれませんし、自分も前に進んでいくことはできません。

　"気持ちいい"とは、「懸命に汗を流す仲間を醒めた目では見ない、情熱をもっている人や本気で打ち込む人を笑ったりしない」ということではないでしょうか。

　真剣に何かに取り組んでいる人から目をそらさず、素直な気持ちで相対してみる。そうすると、自分が本当に求めているものに気づくことができる。

　本書が、そんな"気持ちいい"人たちが集まった"気持ちいい"チームをつくるための一助になれば、著者としては最高の幸せです。

*

　本書を出版する機会を与えてくださり、メニューづくりや原稿執筆にいつも以上に時間を要する私を辛抱強く見守ってくださった体育とスポーツ出版社の橋本雄一社長に心より感謝の意を表します。

　　2014年3月　　　　　　　　　　　　　　　　　　　　高畑好秀

●著者プロフィール

著者(左)と桐朋高校野球部
監督・田中隆文氏(右)

高畑好秀 （たかはたよしひで）

1968年、広島県生まれ。早稲田大学人間科学部スポーツ科学科スポーツ心理学専攻卒。日本心理学会認定心理士資格を取得。同大学運動心理研究生修了の後、数多くのプロ野球、Jリーグ、Vリーグ、プロボクシング、プロゴルファーなどのスポーツ選手やオリンピック選手などのメンタルトレーニングの指導を行う。現在、千葉ロッテマリーンズ、日立製作所野球部のメンタルコーチ。日本コンディショニング＆アスレチック協会公認スポーツ心理学講師。NPO法人コーチズのスポーツ医科学チームリーダー。スポーツ総合サイトチームMAPSのスポーツ医科学チームリーダーを務める。スポーツメンタル、ビジネスメンタルに関する著書多数。また、テレビやラジオ、さまざまな雑誌、講演（企業、オリンピック協会、各種の競技連盟、高校野球連盟、各県の体育協会など）を通してメンタルトレーニングの普及に努めている。

●撮 影 協 力

桐朋高校野球部

《活動紹介》本学校の「自主・敬愛・勤労」の教育目標に従い、グラウンドにいるときに限らず普段の学校生活から、お世話になっている方々への感謝の気持ちを忘れずに活動しています。文武両道をモットーに、短い練習時間を有意義なものにして、甲子園出場を目指しています。

スポーツ傷害とリハビリテーション

"重症度"と"時間経過"に応じたリハビリ・プログラム40

「時間軸に沿ったプログラムの実践」をキーワードに、ケガの重症度に応じたリハビリのノウハウをたくさんのイラストで部位別にわかりやすく教えます。

こやまクリニック院長
小山 郁 著
Ａ５判・192頁・1800円（税別）

〈本書の特徴〉

❶ スポーツで起こりやすい外傷・障害について「部位別・病態別」に解説
❷ 重症度と時間経過に応じたリハビリテーション・プログラム
❸ 実戦的なリハビリテーション・メニュー

スポーツ傷害についてこんな疑問にお答えします **?** ➡

◎どんな症状や特徴があるのか
◎どの段階でどのような治療をするのか
◎どの時期にどういったトレーニングをするべきか
◎どうなったら次のプロセスに進めるのか
◎予防のためにはどんなことに留意すればいいのか

もっとその気にさせるコーチング術

選手の実力を引き出す32の〝実戦的〟方法

選手の力を本番で100％発揮させるためのノウハウを、「コミュニケーション」「モチベーション」「練習のしかた」「メンタル調整法」の4章に分けてイラストでやさしく教えます。

スポーツメンタルトレーナー
高畑好秀 著
Ａ５判・160頁・1600円（税別）

〈本書の特徴〉

❶ 〝スポーツ心理学〟を活用して、選手をその気にさせる術を紹介

❷ 項目ごとに実践のポイントをイラストでわかりやすく解説

❸ 具体例が豊富なので、そのまま現場で使える

◎選手との接し方　◎ほめ方、しかり方　◎信頼される指導　◎モチベーションの高め方　◎偽薬効果の使い方　◎選手と指導者の共通認識　◎目的のはっきりした練習　◎練習の組み方の工夫　◎試合に臨む指導者の心得　◎作戦への応用　◎選手の心のケア

●制作スタッフ

◎企画・編集……美研クリエイティブセンター（Bcc）
◎カバー・本文デザイン……里村万寿夫
◎カバーイラスト……五十嵐晃
◎本文イラスト……糸永浩之
◎写真撮影……鈴木和宏

チーム力を高める36の練習法

検印省略　Ⓒ　Yoshihide Takahata　2014

2014年4月25日　初版第1刷発行

著　者　　高畑好秀
発行人　　橋本雄一
発行所　　株式会社体育とスポーツ出版社
　　　　　〒101-0054　東京都千代田区神田錦町1-13宝栄錦町ビル3F
　　　　　ＴＥＬ　03-3291-0911（代表）
　　　　　ＦＡＸ　03-3293-7750
　　　　　http://www.taiiku-sports.co.jp
印刷所　　美研プリンティング株式会社

乱丁・落丁はお取り替えいたします。
定価はカバーに表示してあります。
ISBN978-4-88458-263-0　C3075
Printed in Japan